Beck'scheReihe

BsR 1057

W0087454

Am 9. November 1918 gibt der Reichskanzler Prinz Max von Baden „de facto" den Thronverzicht Kaiser Wilhelms II. bekannt und tritt zurück; am selben Tag ruft Philipp Scheidemann die Deutsche Republik aus. Eine neue Epoche der deutschen Geschichte beginnt – keineswegs von allen Deutschen begrüßt. Als Adolf Hitler 1923 die Regierungen des Reiches und Bayerns für abgesetzt erklärt und Stunden später in München mit seinen Anhängern demonstrativ zur Feldherrnhalle marschiert, wählt er den 9. November, um diesen Tag mit einer Machtergreifung von rechts zu „besetzen". Der 9. November wird fortan zu einem Gedenktag der Nationalsozialisten, zu dem sich die Parteiführung regelmäßig in München versammelt. Von einem dieser Treffen, dem des Jahres 1938, geht dann die Weisung Goebbels' aus, die zu den Pogromen des 9. November in ganz Deutschland führt. – Und noch einmal wird der 9. November zu einem Tag der deutschen Geschichte: 1989, als die Mauer zwischen den beiden Staaten auf deutschem Boden fällt.

Der 9. November

Fünf Essays
zur deutschen Geschichte

Von Peter Bender, Wolfgang Benz,
Hans Mommsen, Fritz Stern, Heinrich August Winkler

Herausgegeben von Johannes Willms

VERLAG C.H. BECK

Originalausgabe
ISBN 3 406 37447 6

Zweite, unveranderte Auflage. 1995
Umschlagentwurf: Uwe Göbel, München
C. H. Beck'sche Verlagsbuchhandlung (Oscar Beck), München 1994
Gesamtherstellung: C. H. Beck'sche Buchdruckerei, Nördlingen
Gedruckt auf säurefreiem,
aus chlorfrei gebleichtem Zellstoff hergestelltem Papier
Printed in Germany

Inhaltsverzeichnis

Vorwort

Der 9. November.
Vier Zäsuren in der deutschen Geschichte

Welche Qualität macht aus einem gewöhnlichen Kalendertag ein historisches Datum? In seiner autobiographischen Schrift „Kampagne in Frankreich 1792" berühmte sich Goethe einer prophetischen Einsicht, die er am Abend des 20. September 1792 gegenüber preußischen Offizieren geäußert haben will: „Von hier und heute geht eine neue Epoche der Weltgeschichte aus, und ihr könnt sagen, ihr seid dabei gewesen." Das war die Kanonade von Valmy, die den Wendepunkt in dem Interventionskrieg gegen das revolutionäre Frankreich markierte, zu dem sich die europäischen Mächte nur halbherzig aufgerafft hatten.

Zu Papier gebracht hat Goethe diese Einsicht freilich erst Jahre später. Doch das tut hier wenig zur Sache. Ähnliches gilt für den Umstand, daß uns Heutigen, die wir jenen längst versunkenen revolutionären Abschnitt der europäischen Geschichte in seiner Gesamtheit überblicken können, dieses Datum keineswegs mehr epochal zu sein scheint. Entscheidend an der Bemerkung Goethes ist lediglich, daß er mit ihr gewissermaßen en passant die überzeitliche Qualität hervorhob, die es braucht, damit ein Kalendertag zu einem historischen Datum wird. Betrachtet man aus dieser Perspektive die vier 9. November in der deutschen Geschichte dieses Jahrhunderts, die zufällig oder geplant, es gilt gleichviel, zu historischen Daten avancierten, weil sie jeweils Brüche markierten oder Kontinuitäten in ihrem Verlauf sichtbar machten, so ist zunächst einzuräumen, daß nicht alle vier Daten von gleicher Bedeutung sind. Vom Anfang einer neuen Epoche der Weltgeschichte wird man nur sprechen können, wenn vom 9. November 1938 die Rede ist.

Der 9. November 1918 hingegen, der Tag, an dem die Monarchie in Deutschland gestürzt und die Republik proklamiert wurde, steht als Datum in einer ereignisgeschichtlichen Kontinuität, deren Ursprung mittelbar in dem Bewußtsein lag, daß sich der Krieg, den das Deutsche Reich begonnen hatte, nicht mehr gewinnen ließ. Damit war auch das monarchische Regime, das diesen Krieg zu verantworten hatte, unrettbar kompromittiert. Unmittelbar wurde diese ereignisgeschichtliche Abfolge, die im 9. November 1918 kulminierte, durch die Meuterei der Matrosen der deutschen Hochseeflotte angestoßen, die einige Tage zuvor ausbrach und die sich wenigstens zwei Tage vor diesem 9. November zur allgemeinen Revolution ausweitete, die im ganzen Reich das „Zaunkönigtum" der regierenden Fürstlichkeiten beseitigte.

Auch Hitlers Marsch zur Münchner Feldherrnhalle am 9. November 1923, der dank des entschlossenen Handelns der Polizei rasch – und blutig – vereitelt wurde, war nur ein Theater-Coup, eine politische Demonstration, der die Signalwirkung versagt blieb. Der „Kult der Unzufriedenheit", der von der extremen Rechten wie der extremen Linken gegen die Weimarer Republik systematisch aufgebaut und orchestriert wurde, war damals noch nicht derart im öffentlichen Bewußtsein verbreitet, als daß ein Funke genügt hätte, um jene „nationale Revolution" in Gang zu setzen, von der Hitler zu dieser Zeit träumte und von der er hoffte, daß sie ihn an die Macht brächte.

Der 9. November 1989 schließlich, der Tag, an dem die Mauer fiel, steht als ein historisches Datum ebenfalls in einer ereignisgeschichtlichen Kontinuität, deren Kennzeichen der zunächst schleichende und dann immer rasanter verlaufende Auflösungsprozeß des „real-existierenden Sozialismus" war, der in den völligen ideologischen Bankrott und staatlichen Zusammenbruch des kommunistischen Systems einmündete. Der Fall der Mauer war in diesem Zusammenhang lediglich ein Ereignis unter vielen, in dem die Komplexität der Geschehensabläufe mit einem Mal jedoch sehr anschaulich wurde. In einer welthistorischen Perspektive eignet dem 9. November 1989 deshalb mehr eine symbolische denn eine historische Bedeutung im Sinne von Goethes Äußerung. Historisch ist dieses Datum aber gleichwohl, bezieht man es auf die deutsche Geschichte, obwohl es heute noch zu früh zu sein scheint, seine Bedeutung wirklich ermessen zu können. Die damalige Prognose, daß nun zusammenwachse, was zusammengehöre, die rasch zum geflügelten Wort avancierte, weil sie die Hoffnungen der Menschen ausdrückte, hat sich unterdessen als viel zu optimistisch erwiesen.

In dem fahlen Licht der Ernüchterung, in das die deutsche Szene unterdessen eingetaucht ist, beginnen vielmehr die Konturen von Gegebenheiten heraufzudämmern, die längst vergessen, verdrängt, in jedem Falle aber überwunden geglaubt waren. In 41 Jahren entwickelte sich die Westhälfte Deutschlands zu einem der reichsten Länder der Welt. Voraussetzung dafür waren ihre Randlage, die die alte Bundesrepublik zum östlichsten Teil Westeuropas machten, dessen demokratische und freiheitliche Traditionen und Werte übernommen und auch gelebt wurden, sowie die strikte Abschottung des Ostens, die sich in Mauer und Stacheldraht materialisierte. Mit dem 9. November 1989 sind diese Voraussetzungen mit einem Mal weggefallen und das vereinte Deutschland ist seither, wie gesagt wurde, nicht nur östlicher und protestantischer geworden, sondern es ist vor allem auch aus seiner machtgeschützten Randlage wieder in die Mitte eines Kontinents gerückt, der sich seinerseits erneut im Zustand der Gärung befindet. Was dies alles für die künftigen Geschicke Deutschlands zur Folge haben wird, läßt sich heute noch nicht mit Bestimmtheit sagen, weshalb es auch schwierig, wenn nicht gar unmöglich ist, schon jetzt die historische Bedeutung jenes 9. November 1989 zutreffend zu beurteilen.

Von wahrhaft singulärer, den Beginn einer neuen weltgeschichtlichen Epoche einleitenden Bedeutung war nur der 9. November 1938. In der Nacht vom 9. auf den 10. November machten die Nazis mit ungeheurer Brutalität wahr, wovon sie bislang im wesentlichen nur schwadroniert hatten: Überall im Reich wurden in dieser Nacht Juden bei stillschweigender Duldung von Polizei und Justiz mißhandelt und ermordet, wurden fast alle jüdischen Kultstätten zerstört und jüdische Geschäfte ausgeplündert. An diesem 9. November gewann das Unheil, das seither wie ein Fluch über den deutschen Geschicken lastet, konkret Gestalt. An diesem Tag begann die „Arisierung der deutschen Wirtschaft", wurde eine Vermögensumverteilung beispiellosen Umfangs eingeleitet, von deren Früchten viele noch heute zehren, setzte die systematische Ausgrenzung, Demütigung und Entrechtung der Juden ein, Vorgänge, die in der vermeintlichen Normalität ihres schrittweisen Vollzugs das noch heute Unbegreifliche möglich machten: Auschwitz.

Der 9. November 1938 ist wie kein anderes Datum der Schicksalstag der Deutschen, steht er doch für Verbrechen, die in der Geschichte der Menschheit ohne Beispiel sind. Deshalb ist es eine schreckliche Ironie der Historie, daß die Nazis, die ihrem Reich eine tausendjährige Dauer vorhersagten, eine Schande über Deutschland brachten, die wenigstens so lange unvergessen sein wird.

Fünf namhafte Historiker und Publizisten haben sich mit dem 9. November in der deutschen Geschichte des 20. Jahrhunderts auseinandergesetzt. Ihre Beiträge erschienen zuvor in gekürzter Fassung im Feuilleton der Süddeutschen Zeitung. Daß sie nun in einem Buch zusammengefaßt erneut vorgelegt werden, verrät eine pädagogische Absicht, die der Herausgeber keineswegs leugnen will. In den vier 9. Novembern sind nämlich ebensowohl die Hoffnungen, die die Deutschen in diesem Jahrhundert hegten, wie auch die in beispiellose Verbrechen einmündenden Irrwege, für die sie sich entschieden und die sie bis zum bitteren Ende beschritten, wie in einem Brennspiegel focussiert. Von jedem dieser vier 9. November läßt sich deshalb in Anlehnung an Goethes Ausspruch sagen: Von hier und heute nahm eine neue Epoche zumindest der deutschen Geschichte ihren Ausgang.

München im Dezember 1993   Johannes Willms

Heinrich August Winkler

Revolution als Konkursverwaltung
9. November 1918: Der vorbelastete Neubeginn

Am 10. November 1918 bekamen die Leser des „Berliner Tageblattes", einer angesehenen linksliberalen Zeitung, einen Artikel
zu lesen, der vor Superlativen nicht zurückscheute. „Die größte
aller Revolutionen", schrieb der Chefredakteur, Theodor
Wolff, „hat wie ein plötzlich losbrechender Sturmwind das
Kaiserliche Regime mit allem, was oben und unten dazugehörte, gestürzt. Man kann sie die größte aller Revolutionen nennen, weil niemals eine so fest gebaute, mit so soliden Mauern
umgebene Bastille so in einem Anlauf genommen worden ist.
Es gab noch vor einer Woche einen militärischen und zivilen
Verwaltungsapparat, der so verzweigt, so ineinander verfädelt,
so tief eingewurzelt war, daß er über den Wechsel der Zeiten
hinaus seine Herrschaft gesichert zu haben schien. Durch die
Straße von Berlin jagten die grauen Autos der Offiziere, auf
den Plätzen standen wie Säulen der Macht die Schutzleute,
eine riesige Militärorganisation schien alles zu umfassen, in
den Ämtern und Ministerien thronte eine scheinbar unbesiegbare Bürokratie. Gestern früh war, in Berlin wenigstens, das
alles noch da. Gestern nachmittag existierte nichts mehr davon."[1]
  Es schien in der Tat so. In einer der unblutigsten Revolutionen der Geschichte verwandelte sich Deutschland im November 1918 binnen weniger Tage von einem monarchischen Fürstenbund in eine Republik. Arbeiter- und Soldatenräte schossen
wie Pilze aus dem Boden. Die Regierungsgewalt im Reich übte
ein sechsköpfiger Rat der Volksbeauftragten aus, zu gleichen
Teilen zusammengesetzt aus Sozialdemokraten beider Richtungen: der Mehrheitspartei MSPD, die bis zum bitteren Ende im
Reichstag der Regierung die Kriegskredite bewilligt hatte, und

der Unabhängigen Sozialdemokratischen Partei, kurz USPD genannt, die sich aus Opposition gegen diese Politik von der Mutterpartei getrennt hatte.

Vorsitzender des Rates der Volksbeauftragten war der gelernte Sattler Friedrich Ebert, der erste Mann der Mehrheitssozialdemokraten. Er hätte wie viele seiner Freunde die Revolution gern vermieden. Er wollte die soziale Revolution nicht, ja er hasse sie wie die Sünde, soll er am 7. November dem letzten kaiserlichen Reichskanzler, dem Prinzen Max von Baden, gesagt haben. So berichtet es jedenfalls Prinz Max in seinen Erinnerungen.[2] Vielleicht hat sich Ebert etwas anders ausgedrückt. Aber eines steht fest: Ebert wollte um nahezu jeden Preis verhindern, daß sich in Deutschland Zustände entwickelten wie in Rußland nach der Revolution der Bolschewiki im November 1917: wirtschaftliches und politisches Chaos und ein blutiger Bürgerkrieg.

Aber dann war die Revolution, ohne Zutun der SPD, doch gekommen, ausgelöst von meuternden Matrosen der deutschen Hochseeflotte, die sich nicht in einer militärisch sinnlosen, zudem ohne Wissen des Reichskanzlers geplanten und damit hochverräterischen „Todesfahrt" gegen England aufopfern lassen wollten. Am 4. November war lediglich Kiel in den Händen der rebellierenden Matrosen gewesen. Zwei Tage später hatten sie bereits in fünf weiteren Städten – in Lübeck, Brunsbüttel, Hamburg, Bremen und Cuxhaven – die Macht übernommen.

Am 7. November schlug die Meuterei in Revolution um. Als erster deutscher Thron stürzte der wittelsbachische. Bayern, wo der Haß auf Preußen und den „preußischen Militarismus" besonders groß war, vollzog als erster deutscher Staat den Übergang zur Republik. Am Nachmittag des 7. November zogen nach einer gemeinsamen Kundgebung beider sozialdemokratischer Parteien Tausende von Soldaten und Zivilisten mit dem maßgeblichen Mann der bayerischen USPD, Kurt Eisner, und dem Führer des radikalen Flügels im Bayerischen Bauernbund, Ludwig Gandorfer, an der Spitze zu den Kasernen im Westen und Nordwesten Münchens. Die dort kasernierten Soldaten schlossen sich dem Demonstrationszug an und wirkten an der Besetzung zahlreicher öffentlicher Gebäude mit. Im Mathäserbräu am Stachus bildeten sich ein Soldaten- und, unter Eisners Führung, ein Arbeiterrat. Die königliche Familie verließ auf Empfehlung des Innenministers die Hauptstadt. Am späten Abend eröffnete Eisner im Landtag die konstituierende Sitzung der bayerischen Arbeiter-, Bauern- und Soldatenräte, die ihn zum Präsidenten wählten. In einem Aufruf an die Bevölkerung, der am Morgen des folgenden Tages erschien, erklärte Eisner Bayern zum Freistaat, kündigte die Wahl einer konstituierenden Nationalversammlung an und proklamierte das Ende des sozialistischen Bruderkriegs.

Am 7. November fielen auch in Braunschweig die Würfel: Die örtlichen Regimenter schlossen sich einer größeren Zahl aus Kiel eingetroffener Matrosen an und brachten die Stadt unter ihre Kontrolle. Am gleichen Tag erreichten 200 Matrosen Köln. Tags darauf übernahm in der Rheinmetropole ein Arbeiter- und Soldatenrat die Macht. Als „erster Vertreter einer Kölner Behörde" stellte sich Oberbürgermeister Konrad Adenauer „ohne Zögern auf den Boden der gegebenen Tatsachen".[3]

„Die Physiognomie der Revolution beginnt sich abzuzeichnen", notierte der liberale Diplomat Harry Graf Kessler am 7. November in sein Tagebuch. „Allmähliche Inbesitznahme, Ölfleck, durch die meuternden Matrosen von der Küste aus. Sie isolieren Berlin, das bald nur noch eine Insel sein wird. Umgekehrt wie in Frankreich [Kessler dachte an 1789] revolutioniert die Provinz die Hauptstadt, die See das Land: Wikingerstrategie."[4]

Zur Verteidigung der alten Dynastien rührte sich kaum irgendwo eine Hand. Mit den Hohenzollern an der Spitze wurden die regierenden Häuser für die Entbehrungen der Kriegszeit, den „preußischen Militarismus" und die Politik verantwortlich gemacht, die Deutschland in die Niederlage geführt hatte. Zwar versuchten die Mehrheitssozialdemokraten bis zuletzt, zwischen Monarch und Monarchie zu unterscheiden: Hätte Wilhelm II. freiwillig abgedankt, wären Ebert und seine Freunde bereit gewesen, es bei der bisherigen Staatsform zu belassen. Doch die Empörung der Massen entzog dieser Taktik zusehends den Boden.

Am Abend des 7. November stellten die Mehrheitssozialdemokraten Reichskanzler Prinz Max, dessen Regierung sie seit Anfang Oktober angehörten, ein Ultimatum. Darin verlangten sie unter anderem die Abdankung des Kaisers und den Thronverzicht des Kronprinzen. Wurden die Forderungen nicht erfüllt, wollten die Sozialdemokraten aus der Regierung ausscheiden. Befristet war das Ultimatum bis zum Nachmittag des 8. November.

Als die Frist ablief, war Wilhelm II. noch immer Deutscher Kaiser und König von Preußen. Die SPD gab sich trotzdem konziliant: Sie werde nicht vor Abschluß des Waffenstillstandes aus der Regierung ausscheiden. Mit diesem Abschluß war, nachdem die deutschen Unterhändler Berlin am 6. November verlassen, das alliierte Hauptquartier aber noch nicht erreicht hatten, erst in den nächsten Tagen zu rechnen. Doch am Abend des 8. November wurde auch die Reichshauptstadt von der revolutionären Welle erfaßt. Die Verhaftung Ernst Däumigs, eines der Führer der Revolutionären Obleute aus der Berliner Metallindustrie, wirkte aufreizend, desgleichen die Aufstellung von Sicherheitswachen in den Großbetrieben. Seit diese Nachrichten die Runde machten, drängten die Berliner Arbeiter auf die Straße.

Die Mehrheitssozialdemokraten reagierten rasch. Am Morgen des 9. November proklamierten sie den Generalstreik und riefen die Arbeiter zum „Entscheidungskampf unter dem alten gemeinsamen Banner" auf. Eine Stunde später trat Philipp Scheidemann, zusammen mit Ebert Vorsitzender der SPD und im Kabinett des Prinzen Max Staatssekretär ohne Portefeuille, von seinem Regierungsamt zurück.

Zur gleichen Zeit trat die sozialdemokratische Reichstagsfraktion zu einer Sitzung zusammen. Ebert konnte mitteilen, daß es bereits Verhandlungen mit den Unabhängigen Sozialdemokraten und Vertretern der Arbeiter gegeben habe. Bei einer notwendigen Aktion wolle die SPD gemeinsam mit den Arbeitern und Soldaten vorgehen. „Die Sozialdemokratie solle dann die Regierung ergreifen, gründlich und restlos, ähnlich wie in München, aber möglichst ohne Blutvergießen."[5]

Etwa um dieselbe Zeit erfuhr der Reichskanzler, die „Naumburger Jäger", ein erst vor wenigen Tagen nach Berlin verlegtes, als besonders kaisertreu geltendes Bataillon, sei zu den Aufständischen übergegangen. Prinz Max war nun überzeugt, daß seine Regierung sich nicht mehr halten ließ. Auch im deutschen Hauptquartier im belgischen Spa, wo sich der Kaiser aufhielt, tat die Kunde ihre Wirkung. Gegen 11 Uhr wurde dem Kanzler telefonisch mitgeteilt, der Kaiser sei zur Abdankung entschlossen. Als eine halbe Stunde später die offizielle Erklärung Wilhelms II. immer noch nicht vorlag, gab Prinz Max dem Wolffschen Telegraphenbüro die Absicht des Kaisers und Königs, dem Thron zu entsagen, bekannt.

Gegen 11 Uhr 35 erschien die von Ebert geführte Delegation der Sozialdemokraten beim Reichskanzler und forderte die Übergabe der Macht. Dieser Schritt sei, so erläuterte Ebert, notwendig, um Ruhe und Ordnung zu bewahren und Blutvergießen zu vermeiden. Als der Kanzler bemerkte, nun müsse noch die Frage der „Regentschaft", also der Nachfolge Wilhelms II., geregelt werden, erklärte Ebert, dafür sei es zu spät. Daraufhin schlug Prinz Max vor, daß Eberts den Posten des Reichskanzlers übernehmen solle. Eberts Antwort: „Es ist ein schweres Amt, aber ich werde es übernehmen."[6]

Die Frage „Republik oder Monarchie?" wollte Ebert einer Verfassunggebenden Nationalversammlung überlassen. Aber Scheidemann sah deutlicher als der soeben ernannte Reichskanzler, daß die Massen sich nicht mehr hinhalten ließen und einen demonstrativen Bruch mit dem alten System erwarteten. Deshalb rief er, ohne Rücksprache mit Ebert, gegen 2 Uhr nachmittags von einem Balkon des Reichstags die „Deutsche Republik" aus. Der Beifall der Menge war groß. Mochte Ebert seinem Parteifreund ob dieser spontanen Aktion auch grollen, die Proklamation der Republik war nicht mehr rückgängig zu machen. Hätte Scheidemann länger gewartet, wäre ihm ein Konkurrent der äußersten Linken zuvorgekommen: der Führer des Spartakusbundes, Karl Liebknecht, der nachmittags gegen

4 Uhr vom Balkon des Berliner Stadtschlosses die „freie sozialistische Republik Deutschland" ausrief.

In einer Versammlung der Berliner Arbeiter- und Soldatenräte, die am 10. November im Zirkus Busch stattfand, kam es zwischen Liebknecht und Ebert zum offenen Eklat. Die Spartakisten und die sehr viel zahlreicheren Revolutionären Obleute aus den Betrieben wollten den soeben gebildeten Rat der Volksbeauftragten der Kontrolle eines Aktionsausschusses unterstellen, dem kein Mehrheitssozialdemokrat angehören sollte. Das hätte die Entmachtung der Gemäßigten durch die Radikalen bedeutet.

Doch nun warfen die Soldatenräte ihr Gewicht in die Waagschale. Sie erklärten, sie würden die neue Regierung allein ernennen, wenn nicht auch beim Aktionsausschuß das Prinzip der Parität von Mehrheits- und Unabhängigen Sozialdemokraten befolgt werde. Die Drohung wirkte, die Obleute gaben nach. Am späten Abend des 10. November bestätigten die beiden sozialdemokratischen Parteien nochmals ihre Vereinbarung über den Rat der Volksbeauftragten. Und noch aus einem anderen Grund war der 10. November ein wichtiges Datum: Wilhelm II. ging an diesem Tag ins Exil nach Holland.[7]

Was ihr wichtigstes Ziel anging, waren sich die Mehrheitssozialdemokraten völlig einig: Im Besitz der revolutionären Macht wollten sie so rasch wie möglich wieder geordnete Verhältnisse herstellen. „Ein Versagen der Organisation in dieser schweren Stunde würde Deutschland der Anarchie und dem schrecklichsten Elend ausliefern," hieß es in einem Aufruf, in dem Ebert am 9. November an die Beamten appellierte, auf ihren Posten auszuharren. Tags darauf nahm er in einem Telefongespräch mit General Groener das Angebot der Obersten Heeresleitung an, den Volksbeauftragten bei der „Bekämpfung des Bolschewismus" beizustehen. Und von Anfang an setzte sich Ebert für möglichst frühzeitige Wahlen zu einer Verfassunggebenden Nationalversammlung ein, damit der Rat der Volksbeauftragten von einer demokratisch legitimierten Regierung abgelöst werden konnte.

Einige Wochen später – in der ersten Sitzung der kurz zuvor

gewählten Verfassunggebenden Nationalversammlung am 6. Februar 1919 in Weimar – schilderte Ebert, worin er und die anderen regierenden Mehrheitssozialdemokraten ihre vornehmste Aufgabe gesehen hatten. „Wir waren im eigentlichsten Wortsinne die Konkursverwalter des alten Regimes, alle Scheuern, alle Läger waren leer, alle Vorräte gingen zur Neige, der Kredit war erschüttert, die Moral tief gesunken. Wir haben, gestützt und gefördert vom Zentralrat der Arbeiter- und Soldatenräte . . ., unsere beste Kraft eingesetzt, die Gefahren und das Elend der Übergangszeit zu bekämpfen. Wir haben der Nationalversammlung nicht vorgegriffen. Aber wo Zeit und Not drängten, haben wir die dringlichsten Forderungen der Arbeiter zu erfüllen uns bemüht. Wir haben alles getan, um das wirtschaftliche Leben wieder in Gang zu bringen . . . Wenn der Erfolg nicht unseren Wünschen entsprach, so müssen die Umstände, die das verhinderten, gerecht gewürdigt werden."[8]

Klarer hätte Ebert die Prioritäten nicht benennen können, die er und die anderen mehrheitssozialdemokratischen Volksbeauftragten sich für die revolutionäre Übergangsperiode nach dem 9. November 1918 gesetzt hatten. Im Vordergrund stand die Abwicklung des alten Regimes, nicht die Grundlegung eines demokratischen Gemeinwesens. Kontinuität hatte, wo immer möglich, Vorrang vor Erneuerung.

Die Politik, die Ebert unter dem Beifall der Mehrheit rechtfertigte, war schon im November 1918 umstritten. Die radikale Linke, an ihrer Spitze der Spartakusbund, bekämpfte die Idee einer Verfassunggebenden Nationalversammlung, weil diese nur die bürgerliche Klassenherrschaft befestigen könne. Die revolutionäre Gegenparole hieß „Alle Macht den Räten", was nichts anderes als „Diktatur des Proletariats" bedeutete. Die gemäßigten Führer der USPD lehnten Wahlen zu einer „Konstituante" nicht ab, wollten sie aber hinausschieben, etwa bis zum Frühjahr 1919, um in der Zwischenzeit die gesellschaftlichen Machtverhältnisse zu ändern – vor allem im Sinne einer Sozialisierung von Schlüsselindustrien.

Die Entscheidung über die Frage Rätesystem oder Nationalversammlung sollte der Allgemeine Kongreß der Arbeiter- und

Soldatenräte Deutschlands fällen, der am 16. Dezember 1918 in Berlin zusammentrat. Da die MSPD über eine solide Mehrheit unter den Delegierten verfügte, war der Ausgang der Debatte nicht zweifelhaft: Es gab eine überwältigende Mehrheit von etwa 400 zu 50 Stimmen für die Abhaltung von Wahlen zur Verfassunggebenden Nationalversammlung am 19. Januar 1919. Mit 344 gegen 98 Stimmen lehnte der Kongreß die Einführung des reinen Rätesystems ab. Der Hauptvertreter der unterlegenen Position, Ernst Däumig von den Revolutionären Obleuten, nannte diese Entscheidung das „Todesurteil" über die Revolution.

Die Zusammensetzung des Rätekongresses war bezeichnend für die Mehrheitsverhältnisse in der Arbeiterschaft, aus der die meisten Mandatsträger kamen. Von den 514 Delegierten gehörten etwa 300 der SPD und 100 der USPD an, die übrigen waren linksliberal oder parteilos. Die beiden bekanntesten Führer des Spartakusbundes, Rosa Luxemburg und Karl Liebknecht, hatten kein Mandat erhalten.

Die meisten Arbeiter- und Soldatenräte empfanden sich zu diesem Zeitpunkt keineswegs als Alternative zu einem freigewählten Parlament. Sie wollten in der Übergangszeit, in der es den alten, 1912 gewählten Reichstag nicht mehr und die Nationalversammlung noch nicht gab, die örtlichen Autoritäten kontrollieren und aktiv mitwirken bei der Lösung der drängenden Tagesprobleme. Mit den russischen „Sowjets" wollten die deutschen „Räte" in ihrer großen Mehrheit nichts zu tun haben: Das Beispiel Sowjetrußlands zeigte ja gerade, wie schnell ein angeblich „reines" Rätesystem zum Deckmantel einer Parteidiktatur werden konnte.

Da die Mehrheit des Rätekongresses ausgesprochen gemäßigt war, kam es für viele Beobachter überraschend, daß die Versammlung in zwei Punkten linke Positionen bezog. Die Delegierten forderten erstens die Volksbeauftragten auf, mit der Sozialisierung aller hierzu reifen Industrien unverzüglich zu beginnen. Zweitens verlangten sie eine radikale Militärreform, die bis zur Wahl der Offiziere durch die Soldaten und zur Abschaffung aller Rangabzeichen gehen sollte.[9]

Beide Beschlüsse enthielten eine Rüge für den Rat der Volksbeauftragten. Dieser hatte die Fragen der Sozialisierung einer Expertenkommission übertragen und damit erst einmal auf die lange Bank geschoben. Im militärpolitischen Bereich hatte er gemäßigte Reformvorschläge aus den Reihen der Soldatenräte ignoriert und damit den utopischen Beschluß des Rätekongresses förmlich herausgefordert. Die Delegierten standen unter dem Eindruck eines wieder erstarkenden „preußischen Militarismus"; sie sahen die Oberste Heeresleitung mit den Generälen von Hindenburg und Groener an der Spitze zum gleichberechtigten Partner des Rates der Volksbeauftragten aufsteigen und die Chancen für den Aufbau einer republikloyalen Volkswehr sinken. Das war der Hintergrund, vor dem man die Resolution zur Militärreform sehen muß.

Auch auf anderen Gebieten boten die neuen Revolutionsregierungen, namentlich die im Reich und in Preußen, Anlaß zur Kritik. Mit den Spitzen der alten Verwaltung arbeiteten sie so eng zusammen, daß manchmal unklar war, bei wem die Führung lag: bei den regierenden Sozialdemokraten oder bei den bürgerlichen Staatssekretären. Besonders fatal wirkte sich das Vertrauen in die Loyalität der alten Funktionsträger auf dem platten Land Ostelbiens aus. Königliche Landräte, die aus ihrer Ablehnung der Republik keinen Hehl machten, wurden vom sozialdemokratischen Innenminister Preußens gegen die Proteste der Arbeiterräte im Amt gehalten – oftmals sogar dann, wenn die Beamten selbst um ihre Entlassung baten.[10]

Kurz vor Weihnachten 1918 wurde jäh sichtbar, wie sehr die Volksbeauftragten inzwischen vom alten Militär abhingen. Meuternde Soldaten der „Volksmarinedivision" setzten die Regierung fest und brachten den Berliner Stadtkommandanten, den Sozialdemokraten Otto Wels, mit zwei seiner Mitarbeiter als Geiseln in den Marstall. Ebert bat über eine nicht überwachte Telefonleitung das preußische Kriegsministerium um militärische Hilfe. Die kam am Heiligen Abend in Gestalt des „Kommandos Lequis". Die blutigen Kämpfe um den Marstall und das Stadtschloß, das Quartier der „Volksmarinedivision", endeten mit einer militärischen Niederlage der regulären Truppen und einer politischen Niederlage des Rates der Volksbeauftragten: Er gestand der Volksmarinedivision zu, daß sie in ihrer gegenwärtigen Stärke erhalten blieb und als Ganzes in die Republikanische Soldatenabwehr eingegliedert wurde.

Die Berliner „Weihnachtskämpfe" hatten zwei unmittelbare Folgen: Erstens schieden am 28. Dezember die Unabhängigen Sozialdemokraten aus dem Rat der Volksbeauftragten aus. Sie begründeten das mit der Art und Weise, wie die Militäraktion durchgeführt worden sei. Zweitens verfügte der preußische Ministerpräsident Hirsch, ein Politiker der MSPD, die Entlassung des Berliner Polizeipräsidenten Emil Eichhorn, der zum linken Flügel der USPD gehörte. Eichhorn war der Volksmarinedivision mit der Berliner Sicherheitswehr zu Hilfe gekommen, und auf das Konto dieser Truppe ging die Niederlage des Kommandos Lequis.

Die Entfernung Eichhorns aus seinem Amt war vollauf gerechtfertigt, ja ein überfälliger Schritt. Aber es war absehbar, daß die radikalen Kräfte des Berliner Proletariats sich damit nicht abfinden würden. Noch am Abend des 4. Januar beschlossen der Vorstand der Berliner USPD und die Revolutionären Obleute, am folgenden Tag eine Protestdemonstration gegen die Entlassung Eichhorns durchzuführen. Die Ende Dezember gegründete Kommunistische Partei Deutschlands, in der der Spartakusbund aufgegangen war, unterzeichnete den Aufruf ebenfalls.

Die große Zahl und der Kampfgeist der Demonstranten verleiteten die Initiatoren, unter ihnen Karl Liebknecht, am 5. Januar zu einem verhängnisvollen Beschluß: Die Aktionen sollten bis zum „Sturz der Regierung Ebert-Scheidemann" fortgeführt werden. Damit begann ein putschistisches Abenteuer, das unter dem falschen Namen „Spartakusaufstand" in die Geschichtsbücher einging. Auf der Regierungsseite übernahm der Mehrheitssozialdemokrat Gustav Noske, der nach dem Ausscheiden der Unabhängigen am 29. Dezember 1918 in den Rat der Volksbeauftragten eingetreten war, die Verantwortung für die Niederschlagung des Aufstandes. Er koordinierte den Einsatz der „Freikorps" – neugebildeter Freiwilligenverbände, von denen einige als rechtsradikal einzustufen waren. Sie richteten, unterstützt von regulären Truppen, ein Blutbad unter den Aufständischen an. Zu den Opfern gehörten auch die beiden herausragenden Führer der jungen KPD, Karl Liebknecht und Rosa Luxemburg, die am 15. Januar von Freikorpsoffizieren ermordet wurden.

Am eigentlichen Ziel der Erhebung konnte es keinen Zweifel geben: Es war die Verhinderung der Wahlen zur Nationalversammlung und der Errichtung einer „Diktatur des Proletariats". Da der Putsch scheiterte, konnten die Wahlen, wie vom Rätekongreß beschlossen, am 19. Januar 1919 stattfinden. Erstmals in der deutschen Geschichte durften an diesem Tag auch die Frauen ihre Stimme abgeben. Die Sieger waren die Mehrheitssozialdemokraten. Sie gewannen, trotz der Parteispaltung im Weltkrieg, gegenüber der letzten Reichstagswahl von 1912, 3,1 Prozent hinzu und kamen damit auf 37,9 Prozent. Aber auch mit der USPD zusammen, auf die 7,6 Prozent entfielen, ergab sich keine sozialistische Mehrheit. Das Votum der Wähler erlaubte nach Lage der Dinge nur eine Koalitionsregierung, getragen von den Mehrheitssozialdemokraten und den gemäßigten bürgerlichen Parteien, dem katholischen Zentrum und der linksliberalen Deutschen Demokratischen Partei – ein Bündnis jener Kräfte, die bereits seit 1917 im kaiserlichen Reichstag eng zusammengearbeitet hatten, um einen „Verständigungsfrieden" zuwegezubringen.

Mit der Wahl zur Verfassunggebenden Nationalversammlung endete die erste Phase der deutschen Revolution von 1918/19. Das Ergebnis machte klar, was die Mehrheit der Deutschen damals wollte: einen demokratischen Neuanfang, aber keinen Umsturz der Gesellschaft. Eine Demokratie erschien ihnen als unabdingbare Voraussetzung dafür, daß die Sieger Deutschland einen gerechten Frieden gewähren würden – einen Frieden, wie ihn der amerikanische Präsident Wilson in seinen vierzehn Punkten vom Januar 1918 verheißen hatte. Natürlich erstrebten viele Arbeiter weiterhin mehr als nur das, was auch bürgerliche Demokraten unterschreiben konnten: Sie verlangten eine Sozialisierung von Großbetrieben, insbesondere im Kohlenbergbau, einer Hochburg der industriellen „Reaktion". Aber ob sich dafür eine Mehrheit in der Nationalversammlung finden würde, war höchst ungewiß.

Eben deshalb gingen Teile der Arbeiterschaft seit Januar 1919 verstärkt dazu über, die Sozialisierung selbst in die Hand zu nehmen. Mit der „Sozialisierungsbewegung" begann die zweite, radikale Phase der deutschen Revolution. Zu ihr gehörten die großen Streiks vom Frühjahr 1919 mit den regionalen Schwerpunkten im Ruhrgebiet und in Mitteldeutschland, die blutigen Märzkämpfe in Berlin und die beiden Münchner Räterepubliken: die der Schwabinger „Literaten" und die der Kommunisten. Die gesellschaftliche Basis der Revolution war in dieser zweiten Phase, die mit der militärischen Niederschlagung der zweiten Münchner Räterepublik Anfang Mai 1919 endete, schmaler, wenn man so will: proletarischer, als in der ersten Phase. Die zweite Phase verlief zugleich sehr viel gewaltsamer als der eigentliche Novemberumsturz und erbrachte anders als dieser keine „bleibenden" Ergebnisse.[11]

Ein Ende der Revolutionsperiode bedeutete das Auslaufen der zweiten Phase noch nicht. Die größte revolutionäre Massenbewegung erlebte Deutschland erst im Jahr darauf: im „Ruhrkrieg", der Antwort großer Teile des Proletariats im rheinisch-westfälischen Industriegebiet auf einen Umsturzversuch von rechts, den Kapp-Lüttwitz-Putsch vom März 1920. Gegen Reichswehr und Freikorps hatte die „Rote Ruhrarmee" der aufständischen Arbeiter keine Chance. Der „Ruhrkrieg" war die letzte jener großen proletarischen Massenaktionen, die Anfang 1918 mit einem Streik der Berliner Munitionsarbeiter begonnen hatten. Im Juni 1920, wenige Wochen nach der blutigen „Befriedung" des Ruhrgebiets, fanden die ersten Reichstagswahlen der Weimarer Republik statt. Die Parteien der „Weimarer Koalition" – SPD, Zentrum, Deutsche Demokratische Partei – verloren die Mehrheit; die Sozialdemokraten schieden, wenn auch nur für ein knappes Jahr, aus der Reichsregierung aus. Die Revolutionsperiode war damit endgültig abgeschlossen.[12]

Die deutsche Revolution von 1918/19 (oder wie manche Historiker sagen: von 1918/20) gehört bis heute zu den umstrittensten Ereignissen der neueren deutschen Geschichte. Dem Urteil Theodor Wolffs vom 10. November 1918, sie sei „die größte aller Revolutionen" gewesen, würde sich kein Geschichtsforscher anschließen. Lange Zeit wurde sogar ernsthaft darüber diskutiert, ob man mit Blick auf dieses Ereignis nicht eher von einem „Zusammenbruch" als von einer „Revolution" sprechen sollte. Doch damit würde der Blick allzusehr auf den November 1918 verengt. Wer den Sturz der Monarchie im Zusammenhang mit den Massenaktionen von Januar 1918 bis zum Frühjahr 1920 betrachtet, kommt um den Begriff „Revolution" nicht herum. Von einer „Novemberrevolution" ist in der Literatur allerdings aus guten Gründen kaum noch die Rede.

Gestritten wird über die Revolution vor allem deshalb, weil ihr wichtigstes Ergebnis, die parlamentarische Demokratie, keinen Bestand hatte. Sie wurde nicht erst 1933 durch Hitler, sondern schon im Jahre 1930 etappenweise abgeschafft – zugunsten eines Präsidialsystems, das drei Jahre später dem nationalsozialistischen „Führerstaat" wich. Das Scheitern der Weimarer Demokratie zog mit innerer Notwendigkeit die Frage nach sich, ob die tieferen Ursachen des Untergangs der ersten deutschen Republik nicht in ihrer Entstehungsgeschichte lagen.

Einer der ersten, die eine Antwort auf diese Frage zu geben versuchten, war Rudolf Hilferding, der 1918 zu den Unabhängigen Sozialdemokraten gehört hatte, 1922 dann mit dem gemäßigten Teil der USPD in den Schoß der SPD zurückkehrte, zweimal das Amt des Reichsfinanzministers bekleidete und als „Chefideologe" der Weimarer Sozialdemokratie galt. Wenige Monate nach der Machtübertragung an Hitler, am 23. September 1933, schrieb Hilferding an einen anderen ehemaligen Unabhängigen Sozialdemokraten, den maßgeblichen Parteitheoretiker Karl Kautsky: „Unsere Politik in Deutschland war seit 1923 sicher im Ganzen und Großen durch die Situation erzwungen und konnte nicht viel anders sein. In diesem Zeitpunkt hätte auch eine andere Politik kaum ein anderes Resultat gehabt. Aber in der Zeit von 1914 und erst recht von 1918 bis zum Kapp-Putsch war die Politik plastisch und in dieser Zeit sind die schlimmsten Fehler gemacht worden. Das haben wir

damals gesagt und davon brauchen wir jetzt nichts zurückzu-
nehmen."[13]

Vier Monate später war diese Auffassung der offizielle Stand-
punkt der Sozialdemokratischen Partei. In dem von Hilferding
entworfenen „Prager Manifest" der Exil-SPD vom Januar 1934
hieß es zur Revolution von 1918/19: „Daß sie den alten Staats-
apparat fast unverändert übernahm, war der schwere historische Fehler, den die während des Krieges desorientierte deutsche Arbeiterbewegung beging."[14]

Hilferdings Verdikt faßt zusammen, was seit den frühen sechziger Jahren zur nicht unbestrittenen, aber doch überwiegenden
Auffassung der historischen Forschung zur deutschen Revolution von 1918/19 geworden ist. Die neue Sicht löste eine andere,
bis dahin herrschende Meinung ab, die ihren klassischen Aus-
druck in dem Urteil des Historikers Karl Dietrich Erdmann aus
dem Jahr 1955 gefunden hatte, es sei 1918/19 um eine klare
Alternative gegangen, nämlich entweder „die soziale Revolution im Bündnis mit den auf eine proletarische Revolution hin-
drängenden Kräften oder die parlamentarische Republik im
Bündnis mit den konservativen Kräften wie dem alten Offi-
zierskorps".[15]

Eine jüngere Generation von Historikern argumentierte gegen Erdmann auf einer Linie, die bereits 1935 von dem unabhängigen Marxisten Arthur Rosenberg in seinem Buch „Geschichte der Deutschen Republik" abgesteckt worden war: Die
wirkliche Alternative zur „Weimarer Lösung" habe schon deswegen nicht ein Arrangement mit den Kommunisten sein können, weil diese in den ersten Monaten nach Kriegsende und
lange darüber hinaus noch keine Massenbasis hatten. Vielmehr
sei es um grundlegende Änderungen der überkommenen
Machtverhältnisse gegangen – um Änderungen, die mit Hilfe
der anfangs überwiegend sozialdemokratisch orientierten Ar-
beiter- und Soldatenräte durchzusetzen gewesen wären, wenn
die Führer der Mehrheitssozialdemokraten dies nur wirklich
gewollt hätten.[16]

Um dies zu wollen, hätten sich die Volksbeauftragten der
MSPD damals freilich nicht damit begnügen dürfen, das zu

sein, was sie nach Eberts Wort vom 6. Februar 1919 waren: „Konkursverwalter des alten Regimes". Als solche leisteten sie Beachtliches. Die Einheit des Reiches blieb, was keineswegs selbstverständlich war, erhalten; die Demobilmachung verlief glatt; die Wirtschaft kam rasch wieder in Gang; die Wahlen zur Nationalversammlung fanden zum vorgesehenen Zeitpunkt statt.

Erfolgreiche Gründerväter einer Demokratie aber kann man die mehrheitssozialdemokratischen Volksbeauftragten nicht nennen. Die Frage, warum sie so wenig taten, um mit dem obrigkeitsstaatlichen Erbe des Kaiserreichs zu brechen, beschäftigt die Historiker bis heute. *Eine* Antwort dürfte mittlerweile kaum noch umstritten sein: Eine gesellschaftliche Totalumwälzung, eine Revolution großen Stils, war in Deutschland 1918/19 nicht möglich.

Man mußte kein Mehrheitssozialdemokrat sein, um schon damals zu dieser Einsicht zu gelangen. 1920 legte Heinrich Ströbel, einer der führenden Repräsentanten des rechten Flügels der USPD, in einem Buch über die deutsche Revolution dar, weshalb Deutschland nicht dem Beispiel der russischen Bolschewiki folgen konnte: „Die Rätediktatur und die sofortige Vollsozialisierung waren in Deutschland völlig ausgeschlossen, und es war eine verhängnisvolle Verkennung der ökonomischen und politischen Möglichkeiten, daß die äußerste proletarische Linke sich einbildete, das russische Vorbild ohne weiteres in Deutschland nachahmen zu können. Das Agrarland Rußland, in dem nur ein Zehntel des Volkes von der Industrie lebt, vermochte auch eine zeitweilige Lösung und Zerrüttung seiner industriellen Produktion zu ertragen, ohne daß es zur Katastrophe kam. Die beschäftigungslosen Arbeiter fanden auf dem platten Lande oder aber in der Roten Armee Unterschlupf. In Deutschland aber leben zwei Drittel des Volkes von der Industrie und dem Handel – und wovon hätten sie existieren, wo hätten diese mehr als 40 Millionen Menschen bleiben sollen, wenn eine übereilte planlose Sozialisierung der Produktion die ganze industrielle Maschinerie ins Stocken gebracht hätte?"[17]

Der „Vater des Revisionismus", der sozialdemokratische

Marx-Kritiker, Eduard Bernstein – auch er bis Anfang 1919 ein Unabhängiger Sozialdemokrat – teilte Ströbels Einschätzung. In seinem Buch „Die deutsche Revolution, ihr Ursprung, ihr Verlauf und ihr Werk", versuchte Bernstein, sich und den Zeitgenossen klar zu machen, warum die Staatsumwälzung in Deutschland ganz anders, nämlich viel weniger radikal abgelaufen war als alle großen Revolutionen der Geschichte. Er sah für den gemäßigten Charakter der deutschen Revolution vor allem zwei Gründe.

Der erste Grund war der Grad der gesellschaftlichen Entwicklung. Je weniger ausgebildet Gesellschaften seien, lautete Bernsteins These, desto leichter vertrügen sie Maßnahmen, die auf ihre radikale Umbildung abzielten. „Je vielseitiger aber ihre innere Gliederung, je ausgebildeter die Arbeitsteilung und das Zusammenarbeiten ihrer Organe bereits sind, umso größer die Gefahr schwerer Schädigung ihrer Lebensmöglichkeiten, wenn versucht wird, sie mit Anwendung von Gewaltmitteln in kurzer Zeit in bezug auf Form und Inhalt radikal umzubilden. Gleichviel ob sie sich darüber theoretisch Rechenschaft ablegten oder nicht, haben die maßgebenden Führer der Sozialdemokratie dies aus Einsicht in die tatsächlichen Verhältnisse begriffen und ihre Praxis in der Revolution danach eingerichtet."

Der zweite Grund der Mäßigung war Bernstein zufolge der in Deutschland erreichte Grad an Demokratie: „So rückständig Deutschland durch den Fortbestand halbfeudaler Einrichtungen und die Machtstellung des Militärs in wichtigen Fragen seines politischen Lebens auch war, so war es doch als Verwaltungsstaat auf einer Stufe der Entwicklung angelangt, bei der schon die einfache Demokratisierung der vorhandenen Einrichtungen einen großen Schritt zum Sozialismus hin bedeutete. In Ansätzen hatte sich das schon vor der Revolution angezeigt. Das Stück Demokratie, das in Reich, Staaten und Gemeinden zur Verwirklichung gelangt war, hatte sich unter dem Einfluß der in die Gesetzgebungs- und Verwaltungskörper eingedrungenen Arbeitervertreter als ein wirkungsvoller Hebel zur Förderung von Gesetzen und Maßnahmen erwiesen, die auf der Linie des Sozialismus liegen, so daß selbst das kaiserliche

Deutschland auf diesen Gebieten mit politisch vorgeschritteneren Ländern sich messen konnte."[18]

Deutschland war, so läßt sich Bernsteins These knapp zusammenfassen, zum einen zu industrialisiert, zum anderen bereits zu demokratisch, um total mit der überkommenen Ordnung brechen zu können. Für das erste Glied dieses Doppelarguments spricht ein Blick in die Geschichte. Alle „klassischen" Revolutionen des Westens, die englische des 17. Jahrhunderts, die amerikanische von 1776 und die französische von 1789 hatten in der Tat *vor* dem Durchbruch der industriellen Produktionsweise, also in überwiegend agrarischen Gesellschaften stattgefunden, und von den großen Revolutionen des Ostens, der russischen vom Oktober 1917 wie der chinesischen nach 1946, gilt dasselbe. In Agrargesellschaften kann sich die Mehrheit der Bevölkerung mit den lebenswichtigen Gütern eine Zeitlang selbst versorgen. Eine radikale Auswechslung des Staatsapparates ist in solchen Gesellschaften möglich, ohne daß ein wirtschaftliches und soziales Chaos ausbricht. Anders in komplexen, arbeitsteiligen Industriegesellschaften. Die Mehrheit ist hier von den Dienstleistungen des Staates und der Kommunen so existentiell abhängig, daß ein Zusammenbruch des öffentlichen Dienstes das Leben der Gesellschaft insgesamt lähmen muß. Die Folge ist das, was ein neuerer Autor, der 1991 verstorbene Berliner Politikwissenschaftler Richard Löwenthal, treffend den revolutionsfeindlichen „Anti-Chaos-Reflex" industrieller Gesellschaften genannt hat.[19]

Schlüssig war auch Bernsteins Hinweis auf den Grad der Demokratisierung. Deutschland hatte zwar – bis zur Verfassungsreform vom Oktober 1918 – kein parlamentarisches System, aber es kannte doch, als der Erste Weltkrieg zu Ende ging, seit rund einem halben Jahrhundert – seit 1867 im Norddeutschen Bund und seit 1871 im Deutschen Reich – das allgemeine gleiche Wahlrecht für Männer und damit einen verbrieften Anspruch der Massen auf politische Teilhabe.

Eine „Diktatur des Proletariats" nach russischem Vorbild mußte daher der Mehrheit der Deutschen, auch der Arbeiter, ebenso als historischer Rückschritt erscheinen wie eine Phase des revolutionären Terrors nach Art der Jakobiner. Auf der Tagesordnung der Geschichte stand die Erweiterung, nicht eine, wenn auch nur vorübergehende Einschränkung bestehender Freiheiten. Der Ruf nach baldigen Wahlen zu einer Verfassunggebenden Nationalversammlung lag nach dem 9. November 1918 gewissermaßen in der Luft. Die Sozialdemokraten, die entschlossensten Vorkämpfer einer Demokratisierung vor 1918, mußten um ihre Glaubwürdigkeit fürchten, wenn sie sich dieser Parole verschlossen.

Der Grad der Industrialisierung und der Grad der Demokratisierung setzten also einer Revolution in Deutschland von vornherein Grenzen. Diese Grenzen beschränkten den Handlungsspielraum der regierenden Sozialdemokraten, aber sie hoben ihn nicht auf. Zusammenarbeit mit den alten Eliten in Militär, Verwaltung und Wirtschaft war notwendig, um ein Abgleiten in chaotische Verhältnisse zu vermeiden. Doch dieser Imperativ schloß vorbeugende Strukturreformen nicht aus.

Die Volksbeauftragten hätten in der relativ offenen Übergangszeit zwischen dem Sturz der Monarchie und der Wahl der Nationalversammlung erste Schritte tun können in Richtung auf eine Demokratisierung der Verwaltung, die Schaffung eines republikanischen Militärwesens, die öffentliche Kontrolle wirtschaftlicher Macht bis hin zur Vergesellschaftung der Kohlegruben. Die Mehrheitssozialdemokraten um Friedrich Ebert verzichteten auf solche Schritte nicht nur, weil sie dafür kein demokratisches Mandat zu haben glaubten. Ihre übermäßige Zurückhaltung hatte auch etwas zu tun mit ihrer überlieferten Ideologie, ihrer Spielart von Marxismus. Sie schloß den Glauben in sich, daß die Zukunft ohnehin dem Sozialismus gehörte. Deswegen durfte man der Geschichte nicht ins Handwerk pfuschen und etwa zur Unzeit den Steinkohlenbergbau sozialisieren. Der Sozialismus sollte nicht durch eine überstürzte Verwirklichung Schaden nehmen. Er mußte also vorerst bleiben, was er war: eine Theorie.

Die Entscheidungen der ersten Wochen nach dem 9. November 1918 wogen schwer. Aber folgt daraus, daß eine etwas gründlichere Revolution – eine Revolution im Sinne Hilferdings und der gemäßigten Unabhängigen Sozialdemokraten – der Weimarer Republik das Überleben in der Zeit der Weltwirtschaftskrise gesichert hätte? Von den alten Machteliten hat keine so früh, so aktiv und so erfolgreich an der Zerstörung der Weimarer Demokratie gearbeitet wie das ostelbische Junkertum. Die Enteignung des Rittergutsbesitzes wurde aber 1918/19 von keiner Seite betrieben, weder von den Volksbeauftragten noch von den Massen der Landarbeiter und Kleinbauern. Die Justiz, auch sie ein fester Rückhalt des alten Obrigkeitsstaates, stand in der Revolution ebensowenig zur Diskussion, und dasselbe gilt von den deutschen Universitäten und Gymnasien.

In der Tat gehörten nicht nur einzelne Machteliten, sondern auch große Teile des gebildeten Bürgertums von Anfang an zu den Gegnern der jungen Demokratie. Wer diese Demokratie wollte, konnte wohl fordern, daß einzelne, offen illoyale Richter, Staatsanwälte und Beamte abgelöst wurden. Aber für ein Revirement auf breiter Front fehlten erstens die personellen Ressourcen. Und zweitens hätte eine Kampfansage an ganze Berufsstände oder gar die „Bourgeoisie" insgesamt den Bürgerkrieg bedeutet, den nicht wollen konnte, wer eine Demokratie erstrebte. Infolgedessen mußte die Republik mit einem Beamtentum leben, in dem die überzeugten Republikaner nur eine kleine Minderheit bildeten.

Einen radikalen *gesellschaftlichen* Bruch mit dem Kaiserreich hat es 1918/19 also nicht geben können. Aber auch der *moralische* Bruch fand nicht statt. Aus den Akten des Auswärtigen Amtes ging hervor, daß die Reichsführung im Juli 1914, entgegen ihren öffentlichen Versicherungen, Österreich-Ungarn zum Krieg gegen Serbien gedrängt und damit entscheidend zum Ausbruch des Weltkrieges beigetragen hatte. Im März 1919 konnte auch die republikanische Regierung Deutschlands, das Koalitionskabinett des sozialdemokratischen Reichsministerpräsidenten Philipp Scheidemann, daran keinen Zweifel mehr haben: Die Durchsicht des deutschen Aktenmaterials, noch von den Volksbeauftragten im November 1918 veranlaßt, ließ keine anderen Schlüsse zu. Auch Friedrich Ebert, den die Nationalversammlung am 11. Februar 1919 zum vorläufigen Reichspräsidenten gewählt hatte, forderte im März 1919 die rückhaltlose Offenlegung des deutschen Kriegsschuldanteils. Aber er konnte sich nicht durchsetzen. Scheidemann hielt die Veröffentlichung der deutschen Dokumente zum Kriegsausbruch für nicht opportun. Die Friedensbedingungen der Alliierten würden noch härter werden, fürchtete er, wenn die Wahrheit an den Tag käme.

Wenige Entscheidungen haben Weimar so schwer belastet wie diese. Bis zum Ende der Republik im Jahre 1933 konnte die „nationale" Rechte Nutzen daraus ziehen, daß die meisten Deutschen ihr Land für schuldlos am Weltkrieg hielten. Mit der Kriegsunschuldlegende Hand in Hand ging die Dolchstoßlegende: Das Heer sei im Herbst 1918 nicht militärisch geschlagen gewesen, sondern von den „Marxisten" hinterrücks um den Sieg betrogen worden. Daß der Vertrag von Versailles als schreiendes Unrecht galt, verstand sich fast von selbst. Wenn Deutschland sich keiner Schuld am Krieg bewußt war, wie sollte es dann lernen, mit der Niederlage und der Nachkriegsordnung zu leben?[20]

Friedrich Ebert hatte, was immer man ihm an Versäumnissen vorhalten mag, in der Diskussion über die Kriegsschuldfrage einen klaren Sinn für das, was nottat. Und auch in einem anderen Punkt sah er schärfer als seine linken Kritiker: Er wußte, daß es eine parlamentarische Demokratie in Deutschland nur geben konnte, wenn die gemäßigten Kräfte in Arbeiterschaft und Bürgertum zur Zusammenarbeit bereit waren.

Die marxistische Vorkriegssozialdemokratie hatte einen solchen „Klassenkompromiß" strikt abgelehnt. Mit großer Wahrscheinlichkeit hätte sich die SPD gespalten, wenn einige ihrer führenden Mitglieder in eine Koalition mit bürgerlichen Parteien eingetreten wären. Nur weil mit den Gegnern der Kriegskredite 1916/17 auch die schärfsten Gegner eines „Klassenkompromisses" die Partei verlassen hatten, konnten die Mehrheitssozialdemokraten ein Regierungsbündnis mit der bürgerlichen Mitte schließen. Die Spaltung der Arbeiterbewegung war, so gesehen, geradezu eine *Vorbedingung* der Weimarer Demokratie.

Eine *Vorbelastung* der ersten deutschen Demokratie war die Spaltung der Arbeiterbewegung freilich auch. Wegen ihrer Bereitschaft zum „Klassenkompromiß" sah sich die SPD von Anfang an dem Vorwurf der Kommunisten ausgesetzt, sie übe „Klassenverrat". Starke Vorbehalte gegen Koalitionen mit bürgerlichen Parteien gab es auch innerhalb der SPD – auf dem linken Flügel der Partei, der nach der Wiedervereinigung des gemäßigten Teils der Unabhängigen Sozialdemokraten mit der Mehrheitspartei im September 1922 wieder an Einfluß gewann. Die Folge war, daß die Sozialdemokraten während vieler Jahre lieber bürgerliche Minderheitskabinette tolerierten, als sich selbst an der Regierung zu beteiligen. Gehörte die SPD einer Regierung an, kam es mehr als einmal vor, daß die Reichstagsfraktion sich von den sozialdemokratischen Ministern distanzierte, weil ihr die Kompromißbereitschaft der regierenden Genossen zu weit ging.

Die Ergebnisse der Revolution von 1918/19 waren für viele sozialdemokratische Arbeiter so enttäuschend, daß es ihnen schwer fiel, in der Republik den Staat wiederzuerkennen, den sie mit revlutionären Mitteln ins Leben gerufen hatten. Trotzdem blieb die SPD die klassische Staatspartei der ersten Republik. Sie war das auf tragische Weise niemals in höherem Maß als nach 1930, als dieser Staat weniger denn je der ihre war.

Im Bürgertum hatte die Republik seit ihren ersten Stunden einen sehr viel schwächeren Rückhalt als in der Arbeiterschaft. Die Deutsche Demokratische Partei, der künftige liberale Koalitionspartner der Sozialdemokraten, schnitt bei den Wahlen zur Nationalversammlung im Januar 1919 vor allem deshalb gut ab, weil sie glaubhaft versicherte, sie werde ein Weitertreiben der Revolution verhindern. Bald darauf begann der Niedergang der Linksliberalen: Sie wurden von den Wählern für ihr Bündnis mit der SPD bestraft. Hätte es in der Weimarer Republik eine Fünfprozentklausel gegeben, wäre die Deutsche Demokratische Partei ab 1928 nicht mehr im Reichstag vertreten gewesen. Den Nutzen hatten die Parteien erst der gemäßigten, dann der radikalen Rechten.

Der andere Verbündete der Sozialdemokraten aus der Frühzeit der Republik, das Zentrum, konnte sich in der Wählergunst sehr viel besser behaupten. In der Endphase der Weimarer Republik aber gaben sich beide katholische Parteien, das Zentrum und die Bayerische Volkspartei, der Illusion hin, sie könnten die nunmehr stärkste Partei, die Nationalsozialisten, in einer parlamentarischen Koalition bändigen. Die Sozialdemokratie, die Staatsgründungspartei der Weimarer Republik, war seitdem vollständig isoliert, und ohne bürgerliche Verbündete konnte ihr Versuch, die Demokratie zu retten, nicht gelingen.

Ob Weimar zu retten gewesen wäre, wenn die Revolution von 1918/19 einen anderen Verlauf genommen hätte, muß offen bleiben. Sicher erscheint nur, daß Deutschland für den radikalen Bruch mit der Vergangenheit, dessen es bedurft hätte, um die Erblast des Obrigkeitsstaates abzuschütteln, um 1918 gesellschaftlich und politisch zu entwickelt war. Als Deutschland 1930 nach dem Scheitern der parlamentarischen Demokratie zu einem neuen Obrigkeitsstaat in Gestalt des Präsidialsystems überging, profitierte von dieser zwiespältigen Hinterlassenschaft des Kaiserreiches, dem Nebeneinander von autoritären und demokratischen Traditionen, niemand so sehr wie Hitler. Er appellierte mit Erfolg an *beides:* an die verbreiteten Ressentiments gegen die westliche, also „undeutsche" Demokratie *und* an den verbrieften Anspruch des Volkes auf politische Teilhabe, der auf die Einführung des allgemeinen gleichen Wahlrechts für Männer unter Bismarck zurückging. Hitler wurde damit zum Nutznießer der gleichen Widersprüche in der deutschen Entwicklung, die auch eine Erklärung dafür enthalten, daß die Revolution von 1918/19 *nicht* zu den großen Revolutionen der Geschichte gehört.[21]

Hans Mommsen

Adolf Hitler und der 9. November 1923

Der 9. November 1923 ist verglichen mit den Ereignissen am gleichen Datum weniger spektakulär, und seine Folgewirkung liegt eher im Verborgenen. In der am Vorabend des Marsches auf die Feldherrnhalle als Plakat verbreiteten „Proklamation an alle Deutschen" versprach die von Hitler ausgerufene „provisorische deutsche Nationalregierung", daß „die Revolution der Novemberverbrecher mit dem heutigen Tage" beendet sei.[1] Die Repräsentanten der Weimarer Republik wurden in der Erklärung als „wirtschaftliche Schieber und politische Gauner" beschimpft und die Abkehr von fünf Jahren „deutscher Schmach" angekündigt. Der Hitler-Putsch zielte darauf ab, die deutsche Revolution von 1918/19 rückgängig zu machen. Daß er sich exakt am Jahrestag der Revolution ereignete, ging allerdings überwiegend auf unvorhergesehene Umstände zurück. Unbestreitbar aber beabsichtigte die bayerische Reaktion mit dem „Deutschen Kampfbund", dem die SA an führender Stelle angehörte, auf dem äußersten rechten Flügel spätestens im November 1923 gegen Berlin loszuschlagen. Dabei hatte die Reminiszenz an die fünfjährige Wiederkehr des Umsturzes in Bayern am 7. November und in Berlin am 9. November eine mobilisierende Funktion.[2]

Die Vorgänge vom 8. und 9. November in München brachten jedoch nicht den Beginn der ersehnten „nationalen Revolution" in Deutschland, sondern bezeichneten den Endpunkt gegenrevolutionärer Staatsstreich-Aktionen, die auch nach der Niederlage des Kapp-Putsches im März 1920 das strategische Denken der äußersten Rechten beherrschten. Der Hitler-Putsch stellte in gewissem Sinn die Karikatur, ja das Satyr-Spiel des von den gegenrevolutionären Kräften in Bayern in Zusammenarbeit mit der siebten Reichswehrdivision seit dem Frühsommer vorbereiteten, aber mit Rücksicht auf parallele Diktaturpläne des Generalobersten Seeckt immer wieder aufgeschobenen Marsches auf das „rote" Berlin dar.[3]

Hitlers mutwilliges Vorprellen, das es dem bayerischen Generalstaatskommissariat unter Kahr und den mit ihm sympathisierenden rechtsgerichteten Verbänden ermöglichte, die Mitverantwortung für den Putsch auf die NSDAP abzuwälzen, scheiterte noch in der Nacht des 8. November auf der ganzen Linie. Der anderntags am späten Vormittag improvisierte Marsch auf die Feldherrnhalle sollte in letzter Minute das vollständige Debakel eines völlig unzureichend vorbereiteten und mit dilettantischen Mitteln unternommenen Umsturzversuchs ungeschehen machen und das Steuer zugunsten der erstrebten „nationalen Revolution" herumreißen. Er brach jedoch, wie vorauszusehen war, am Odeonsplatz unter den Kugeln der Bayerischen Landespolizei kläglich zusammen.

Die schon in den Tagen nach dem gescheiterten Putsch aus dem Boden schießenden Legenden verwandelten die vernichtende Niederlage der nationalsozialistischen Politik am 9. November in einen entscheidenden Schritt auf dem Weg zur inneren Erneuerung Deutschlands. Sofort ging die nationalsozialistische Propaganda dazu über, den Putschversuch in eine heroische Niederlage umzustilisieren. Mit den jährlich wiederkehrenden Ritualen im Bürgerbräukeller und dem Aufmarsch der Blutordensträger, der 1933 einsetzte, wurde der 9. November 1923 zu einem zentralen historischen Bezugspunkt des nationalsozialistischen Selbstverständnisses. 1938 sollte das Treffen der „Alten Kämpfer" den Resonanzboden für Goebbels' Initiative abgeben, um die mutwillige Zerstörung jüdischer Synagogen und jüdischen Eigentums und die Mißhandlung und Inhaftierung jüdischer Mitbürger systematisch in Gang zu setzen.[4]

Die Erinnerung an die tatsächlichen Abläufe trat gegenüber dem Mythos des 9. November alsbald in den Hintergrund, und die nationalsozialistische Parteilegende verzeichnete sie bewußt, indem sie der NSDAP einen Grad der Handlungsautonomie unterstellte, die sie zu diesem Zeitpunkt gerade eingebüßt hatte. Hitler selbst verinnerlichte die Erfahrung des Putsches, die ihn seine politische Karriere gekostet hätte, wären nicht der Senat des Volksgerichts, die Mitglieder der bayerischen Regierung und die militärische Führung daran interessiert gewesen, den Prozeß für die Angeklagten so glimpflich wie möglich ausgehen zu lassen.[5]

Die Motive, die Hitler am 6. November bewogen, auf eigene Faust zu handeln, waren schwerlich mit dem späteren Heroenkult im Blick auf die Opfer und Teilnehmer des Marsches auf die Feldherrnhalle in Verbindung zu bringen, sie waren weit trivialer, aber sie beleuchten das politische Selbstverständnis des späteren Diktators gleichsam in einer Momentaufnahme. Dies betrifft insbesondere die Frage, mittels welcher Strategien Hitler, der im Herbst 1923 eine über Bayern hinaus weithin unbekannte radikale Regionalpartei führte, die immer wieder geforderte Machteroberung im ganzen Reich zu bewerkstelligen gedachte.

Hitler hatte sich seit Juli 1921, als er aus eher nebensächlichem Anlaß die Machtergreifung in der NSDAP vollzog, durch pausenlose chauvinistische Agitation, nicht zuletzt durch einen an Schärfe nicht mehr zu überbietenden Antisemitismus in der Münchner rechtsextremen Szene einen Namen verschafft und eine exzentrische Rolle in der bayerischen Politik zu spielen begonnen.[6] Durch unablässige Propaganda und den am 17. Dezember 1920 zustandegekommenen Kauf des völkischen „Münchner Beobachters",[7] der mit der finanziellen Unterstützung großbürgerlicher Sympathisanten wie der Verlegerfamilie Bruckmann, dem Klavierfabrikanten Bechstein und dem früh mit der NSDAP sympathisierenden Fritz Thyssen am 8. Februar 1922 in eine Tageszeitung umgewandelt wurde,[8] gewann die NSDAP breite Resonanz in völkischen Kreisen. Bis zum November 1923 hatte sie einen bemerkenswerten Mitgliederzustrom zu verzeichnen und zählte zu diesem Zeitpunkt nach eigenen Angaben 50 000 Mitglieder, von denen der bei weitem größere Teil erst im gleichen Jahr beigetreten war.[9]

Der erste Parteitag der NSDAP von Januar 1923, den Hitler trotz eines anfänglichen Versammlungsverbots durchsetzte, vermittelte mit Aufmärschen der SA, Flaggenweihen, mit der ritualisierten Ansprache des Führers und rauschhaften Akklamationen einen Vorgeschmack von der späteren Virtuosität politischer Schaustellerei.[10] Unter dem Einfluß von Hitlers engerer Münchner Gefolgschaft setzte sich in der NSDAP ein extremer Führerkult durch. Einen vorläufigen Höhepunkt fand diese Tendenz auf dem erwähnten Parteitag, auf dem Hitler als „Führer der deutschen Freiheitsbewegung" herausgestellt wurde. Die Beschwörung des Führergedankens setzte sich im April in geradezu grotesker Form fort, als Hermann Esser bei einer öffentlichen Versammlung aus Anlaß von Hitlers Geburtstag im Münchner Zirkus Krone im Namen der Parteimitgliedschaft ein persönliches Treuegelöbnis ablegte.[11]

Die Durchsetzung des auf Hitler bezogenen Personenkults hatte primär innerparteiliche Funktion und gewährleistete den Zusammenhalt der alles andere als homogenen Organisation.[12] Die Übernahme der uneingeschränkten Führung über die Partei, die Hitler im Juli 1921 auf Grund seiner Funktion als Propagandaobmann und durch Ausspielung der von ihm beherrschten Massenversammlungen gleichsam von außen erzwungen hatte, war von einem entschiedenen Bruch mit dem herkömmlichen Organisationsstil Anton Drexlers begleitet. Wenngleich einige Bestandteile der älteren Satzung erhalten blieben, um den Vorschriften des Vereinsrechts zu genügen,[13] war die nun geschaffene Führerpartei ausschließlich auf die Person Hitlers und auf die ihn tragende Funktionärsclique der Münchner Ortsgruppe ausgerichtet.

Indem Hitler verfügte, daß „Name, Programm und Tendenz der Bewegung" unabänderlich seien,[14] prägte er der Partei einen faschistischen Charakter auf, der sie vom Typus der völkischen Hinterzimmervereinigung grundlegend unterschied. Nicht materielle politische Ziele und füglich innerparteiliche politische Willensbildung bestimmten das Wesen der Partei, sondern sie war ausschließlich dazu bestimmt, die Massen zu mobilisieren. Zwar gelang es 1923 noch nicht, die NSDAP vollständig als Werbeorganisation umzumodeln, die lokale Vereinsdemokratie abzuschaffen und sie ausschließlich auf den Führerwillen auszurichten, aber die Idee politischer Mobilisierung als Selbstzweck, am Horizont eines allgemein gehaltenen, chiliastisch gefärbten Endziels, hatte in der Organisationsreform politische Gestalt angenommen.

Hingegen bestand keinerlei Klarheit darüber, wie die NSDAP ihr Ziel, eine fundamentale Veränderung der Verhältnisse durchzuführen, zu erreichen gedachte. Die spätere Strategie, sich der Wahlwerbung zu bedienen, stand noch außerhalb jeder Erwägung. Erst 1924, durch den Zusammenschluß mit den völkischen Deutschnationalen, kam es unter dem Einfluß der nordwestlichen Parteigruppen zur Teilnahme an Wahlen, aber selbst als taktische Maßregel war dies als Rückfall in parlamentarische Usancen bei der Anhängerschaft weithin verpönt. Noch 1926 ließ Hitler auf dem Parteitag in Weimar eine Debatte über diese Frage zu, was er nur dann tat, wenn er selbst unentschieden war.[15] In der Frühzeit fehlten überdies alle organisatorischen Voraussetzungen, um überregionale Wahlen zu bestreiten. Der klägliche Ausgang der Kandidatur Ludendorffs in den Reichspräsidentenwahlen von 1925 bestätigte dies.[16]

Hitler hatte sich zum Ziel gesetzt, wie er etwas umständlich darlegte, „Wegbereiter zu sein der großen deutschen Freiheitsbewegung“.[17] Die Partei war nur ein Mittel dazu. Schon im Februar 1921 hatte er betont, daß es auf die „Schaffung und Organisation einer einzigen sich steigernden Massenkundgebung, bestehend aus Protest um Protest“ ankomme, und entsprechend konzipierte er die Rolle der Partei.[18] Die Mobilisierung des anvisierten Zusammenschlusses von Hunderttausenden zur „Befreiung unserer Rasse im Inneren, zur Lösung der Kette nach außen“ war für ihn gleichsam Selbstzweck.[19]

Hitler begriff sich gleichsam als Sprachrohr der kommenden „nationalen Erhebung“, als Trommler und Missionar der „deutschen Erneuerung“. Der Gedanke, daß die Novemberrevolution von einer wahrhaft nationalen Revolution abgelöst werden müsse, war von den Autoren der Konservativen Revolution, von Oswald Spengler und Arthur Moeller van den Bruck samt ihrer Adepten, in vielfältiger Brechung propagiert worden, und es gehörte nicht viel Originalität dazu, ihn aufzu-

greifen.[20] Hitler tat das auf seine Weise: er wurde vom Propaga-
tor der „nationalen Revolution" schließlich zu deren Vollstrek-
ker.

Im konservativen Lager machte man sich wenig Gedanken
darüber, von wo der künftige nationale Diktator kommen werde. Hitler paßte sich diesem Jargon an, wenn er davon sprach,
daß es nicht die Aufgabe der nationalsozialistischen Bewegung
sei, nach der „geeigneten Persönlichkeit" zur Aufrichtung der
„Diktatur des nationalen Willens und der nationalen Entschlossenheit" zu suchen: „Unsere Aufgabe ist, das Schwert zu schaffen, das die Person brauchen würde, wenn sie da ist."[21] Zu
diesem Zeitpunkt war er wohl schwerlich der Meinung, selbst
der kommende Diktator zu sein.[22] Kennzeichnend war für ihn,
sich als Garant des zu sich selbst kommenden völkischen Willens, der die Kraft besitze, Berge zu versetzen, zu stilisieren.
Daher konnte er formulieren: „Unsere Partei ist keine Organisation, sondern der verkörperte glühende Glaube an unser
Volk".[23]

Die Politik bloß propagandistischer Mobilisierung, die Hitler
favorisierte, fand unter den Bedingungen der Ordnungszelle
Bayern, die seit 1919 immer mehr zum Zentrum der gegenrevolutionären Kräfte aller Spielarten geworden war, einen unge-
wöhnlich günstigen Nährboden. Andererseits stand die
NSDAP in Gefahr, infolge der Diffusität des politischen Orga-
nisationskonzepts ihre Eigenständigkeit zu verlieren und der
Umarmungsstrategie ihrer völkisch-nationalen Bündnispartner
zu erliegen, was umso aktueller war, als die politische Rechte
sich dem Konzept eines mit militärischen Mitteln vorangetrage-
nen Umsturzes der Reichsverfassung verschrieb.

Die NSDAP schien sich von der heterogenen Mischung aus
Resten der Einwohnerwehren, Freikorps und patriotischen
Vereinen aller Spielarten, die sich im November 1922 zu den
„Vereinigten Vaterländischen Verbänden" zusammentaten, al-
lenfalls durch die Lautstärke ihrer Propaganda zu unterscheiden.[24] Diese Gruppierung spaltete sich allerdings schon 1922 in
einen extrem föderalistischen, blauweiß ausgerichteten Flügel,
der unter Sanitätsrat Pittinger mit bayerischen Sezessionsplänen

spielte, und eine nationalrevolutionäre Richtung, die auf eine gewaltsame Aktion gegen Berlin drängte. Sie stand unter dem maßgebenden Einfluß Ernst Röhms, der von Franz Xaver Ritter von Epp, dem Infanterieführer VII, mit der Leitung der Feldzeugmeisterei betraut worden war. Sie fungierte unter ihm als Verbindungsstelle der vaterländischen Verbände, bis Röhm Anfang Mai 1923 versetzt und dann entlassen wurde.[25]

Auf Initiative Röhms kam es Ende Januar 1923 zur Schaffung der „Arbeitsgemeinschaft der Vaterländischen Kampfverbände", die in enger Zusammenarbeit mit der bayerischen Reichswehr auf den Sturz der Republik hinarbeitete.[26] Neben dem Bund „Oberland" und der von Hauptmann Heiß geführten „Reichsflagge" und anderen Gruppen, darunter den „Vaterländischen Vereinen" Münchens, gehörte ihr die SA als zweitstärkster Verband an. Sie wurden von der bayerischen Reichswehr als Reserve für einen eventuellen Konflikt mit Berlin betrachtet und von Truppenoffizieren militärisch ausgebildet.[26a] Sowohl die militärische Führung wie die bayerische Regierung suchten die Arbeitsgemeinschaft auf eine gouvernementale Linie festzulegen.

Das Vordringen des paramilitärischen Faktors lag quer zu den primär propagandistisch geprägten Absichten Hitlers. Zwar stand die Arbeitsgemeinschaft in ideologischer Beziehung der NSDAP sehr nahe, und das galt auch im Hinblick darauf, daß sie über den Sturz der republikanischen Regierung hinaus kein klares mittelfristiges politisches Konzept besaß. Aber Hitler drohte das Heft aus der Hand zu gleiten, je stärker die militärischen Zielsetzungen in den Vordergrund traten. Jedenfalls sah er sich dazu veranlaßt, wiederholt nachdrücklich darauf hinzuweisen, daß die Verbände die Pflicht hätten, „politisch zu denken und politisch zu handeln", und daß ihnen nicht das Recht zum politischen Handeln abgesprochen werden dürfe. Er spielte darauf an, daß die amtierende bayerische Regierung sich anschickte, sie sich als Hilfsorgane der Landespolizei zu verpflichten und damit zugleich politisch zu neutralisieren.[27]

Zunächst schien Hitler der Gefahr nicht gewahr zu werden, die in der Absicht der bayerischen Reichswehr lag, im Falle einer Aktion gegen Berlin die nationalistischen Wehrverbände ihrem Kommando zu unterstellen. Er nützte vielmehr im Januar 1923 die verstärkte innenpolitische Spannung, die durch die Ruhrbesetzung hervorgerufen wurde, zu einer umfassenden propagandistischen Offensive, was die herausgeforderte bayerische Regierung mit der Verhängung des Ausnahmezustands und dem Verbot des Parteitages sowie der vorgesehenen 12 Massenversammlungen beantwortete. Es gelang Ernst Röhm, der das militärische Potential der SA nicht aufs Spiel setzen wollte, den offenen Eklat zu verhindern und Hitler von der Trotzreaktion abzuhalten, die SA trotz des Verbots aufmarschieren zu lassen. Er bewog den Bayerischen Wehrkreiskommandeur von Lossow, auf Hitler einzuwirken und ihm das Versprechen, nicht zu putschen, abzunehmen, ansonsten aber die Abhaltung des NSDAP-Parteitags zu ermöglichen und dadurch einen vermutlich irreparablen Prestigeverlust des Parteiführers zu vermeiden.[28]

Die durch Hitlers politischen Führungsanspruch hervorgerufene Spannung zur Reichswehr blieb jedoch bestehen. Als er unter dem Vorwand, die Wiederkehr „eines neuen 9. November 1918" zu verhindern, durch eine bewaffnete Massendemonstration auf der Theresienwiese am 1. Mai 1923 die Initiative zurückzugewinnen versuchte, scheiterte er an der Intervention von Reichswehr und Landespolizei, die die Entwaffnung der SA-Einheiten vornahmen, wenngleich demütigende Umstände vermieden wurden.[29]

Hitler hatte sich zu der Machtprobe entschlossen, den Aufmarsch auf dem Oberwiesenfeld trotz amtlichen Verbots am 1. Mai durchzuführen, um dadurch den Vorrang der Politik und damit auch seine Verfügungsgewalt über die SA als primär politischen Kampfverband unter Beweis zu stellen. Zu einem ernstlichen Umsturzversuch, den man ihm später unterstellt hat, fehlte ihm die erforderliche Hausmacht, zumal sich auch die Arbeitsgemeinschaft nicht geschlossen an der Aktion beteiligte und teilweise ins Regierungslager überwechselte. Hitler war zugleich darum zu tun, die Prestigeeinbuße zu kompensieren, die er hatte hinnehmen müssen, indem das Reichswehrministerium eine Mitwirkung von Reichswehroffizieren an der Arbeitsgemeinschaft, die über militärische Ausbildungsaufgaben hinausging, unterband. Infolgedessen mußte Röhm die Führung der „Reichsflagge", des wichtigsten Kampfverbandes der SA, offiziell niederlegen.[30]

Schon zu diesem Zeitpunkt verfolgte Hitler die Taktik, sich die Tolerierung durch Reichswehr und Regierung durch die Fiktion zu verschaffen, als Retter vor der kommunistischen Gefahr zu fungieren. Als die Regierung dem nationalsozialistischen Druck nachgab und eine gemeinsame Großkundgebung der Linksparteien verbot, entzog sie Hitlers Strategie den Boden, eine Konfrontation mit SPD und KPD zu suchen. Die Ankündigung, daß die „Beendigung der Periode des Novemberverrats" und die Erringung der politischen Macht durch die vaterländischen Kampfverbände bevorstünde,[31] bestärkte die in der bayerischen Staatskanzlei bestehende Besorgnis vor Disziplinwidrigkeiten Hitlers.

Hitler erkannte, daß er der aktiven Unterstützung General Ludendorffs bedurfte, um die bayerische Reichswehrführung auf seine Linie zu bringen. Aber dies war mit verschärften Spannungen zum weiß-blauen monarchistischen Lager erkauft, das Ludendorffs Eintreten für die Wiederherstellung der Hohenzollernmonarchie als Affront empfand. Auf dem „Deutschen Tag" in Nürnberg, der am 2. September 1923 stattfand und als Heerschau des Rechtsextremismus fungierte, erschien Ludendorff und nicht Hitler, der an der Spitze der Honoratioren dem Vorbeimarsch der Verbände beiwohnte, als die maßgebende Führerpersönlichkeit. Der dort gegründete „Deutsche Kampfbund", zu dem sich und einige kleinere Verbände „Reichsflagge", SA und „Oberland" zusammenschlossen, bezeichnete sich nicht als Partei, sondern als „vaterländische Kampfbewegung". Der Oberbefehl lag in den Händen Ludendorffs, die konkrete militärische Führung bei Oberstleutnant Hermann Kriebel und Max Erwin von Scheubner-Richter. Mit einiger Mühe erreichte Röhm, daß Hitler die Stellung eines „politischen Führers" des Kampfbundes eingeräumt wurde. Erst die Verschärfung der innenpolitischen Spannungen durch den Abbruch des Ruhrkampfes schuf die Voraussetzungen, um Hitler nach einer zweieinhalbstündigen Rede vor den Führern des Kampfbundes dessen „gesamte politische Leitung", bei Wahrung der „inneren Geschlossenheit" der Verbände zu übertragen.[32] Während die Militärs ihm die Funktion eines politischen Instrukteurs zugedachten, war Hitler, seinem Politikverständnis zufolge, bestrebt, den Kampfbund zur Keimzelle einer revolutionären Massenbewegung zu machen.

Die Führung des Kampfbundes, die in der Hand erfahrener Generalstabsoffiziere lag, neigte zu einem realistischeren Kalkül als der sanguinische NSDAP-Führer, der mit seinen Tiraden über die bevorstehende Umwälzung zwar erhebliche Nervosität hervorrief, aber den praktischen Weg dahin nicht anzugeben vermochte. Demgegenüber gelangten Hitlers Partner in der Kampfbundführung angesichts der eher abwartenden bis kritischen Haltung der bayerischen Regierung zu der Schlußfolgerung, daß eine nationale Erhebung nicht gegen die bewaffnete Macht möglich sei. In dem von Scheubner-Richter am 24. September verfaßten „Aktionsprogramm des Kampfbundes" hieß es, „beim Kampf um die politische Macht" müsse „der militärische Apparat des Staates unter allen Umständen in Rechnung gesetzt werden", und das gelte für die bayerische Landespolizei in noch größerem Maße als für die Reichswehr, mit der man engere Beziehungen unterhielt. Die nationale Revolution in Bayern dürfe daher der Übernahme der politischen Macht nicht vorausgehen, vielmehr bilde „die Besitzergreifung der polizeilichen Machtmittel" die Voraussetzung für erstere.[33]

Scheubner-Richter folgerte aus diesen Überlegungen, daß es notwendig sei, „die Polizeimacht des Staates auf einem wenigstens nach außen hin legalen Wege" zu übernehmen, und hoffte, durch massiven politischen Druck auf Kahr sowohl das Innenministerium wie das Münchner Polizeipräsidium mit Vertrauensmännern des Kampfbundes besetzen zu können.[34] Hitler konnte dem abwägenden Kalkül Scheubner-Richters nicht eben viel abgewinnen, sah sich aber mit der Entfesselung einer Propagandaoffensive gegen von Kahr in seinem eigentlichen Element. Er zögerte nicht, zu dem schon bewährten Mittel geballter Propaganda zu greifen und unter dem Schlagwort „Deutschland erwache!" gleichzeitig vierzehn Massenveranstaltungen anzukündigen, was die bayerische Regierung am 26. September mit der Verhängung des Ausnahmezustandes und der Ernennung von Kahrs zum Generalstaatskommissar beantwortete.[35] Damit wurde den Absichten des Kampfbunds ein Riegel vorgeschoben, und dieser sah sich dazu gezwungen, erst einmal Kahrs innenpolitische Stellung durch eine rücksichtslose Propagandakampagne zu erschüttern, bevor man daran gehen konnte, den angestrebten „nationalen Umschwung" in Gang zu setzen.[36]

Neben dem Rückschlag an der politischen Front stellte sich derjenige an der militärischen ein. In dem Maße, in dem seit Ende Oktober unter der Leitung von Kapitänleutnant Ehrhardt der Ausbau des Grenzschutzes Nord an der Grenze zu Thüringen in Abstimmung mit der Bayerischen Reichswehr vorangetrieben wurde, drohte Hitler in eine Nebenrolle abgedrängt zu werden. Denn während das Konzept der Kampfbundführer davon ausging, daß der Marsch auf Berlin ausschließlich von Freiwilligenverbänden geführt werden und die Reichswehr nur flankendeckend eingreifen würde, ging die vom Generalstaatskommissariat in Pflicht genommene bayerische Reichswehrführung unter Generalleutnant von Lossow wie selbstverständlich davon aus, daß die Operationen in militärischen Händen liegen müßten.

In den Wochen und Monaten, in denen die militärischen Umsturzpläne der nationalsozialistischen Wehrverbände unter Einschluß der nationalsozialistischen Bewegung anliefen, nahm Hitler, der sich als „Propagandist zur Rettung Deutschlands" hinstellte, eine eigentümlich unschlüssige Haltung ein. „Während die Partei, vor allem unter dem Einfluß Röhms und Görings, eine vollkommen revolutionär aktivistische Gestalt annahm", so urteilte der amerikanische Historiker Reginald Phelps, „spielte ihr Führer, von Schmeichlern umgeben, die Rolle des unverantwortlichen Bohémiens".[37] Noch sah er sich nicht in der Rolle des maßgebenden Staatsmannes, sondern in derjenigen des „Trommlers" und führenden Propagandisten, der diesem zur Seite trat, wenngleich sich der Unterschied zwischen beidem zu verwischen begann.[38]

Zu diesem Zeitpunkt war sich Hitler noch nicht darüber im klaren, welche persönlichen Ziele er mit der bevorstehenden „nationalen" Revolution verfolgte. Mussolinis Marsch auf Rom bestärkte seinen Ehrgeiz und gab dem von der engeren Münchner Parteiclique forcierten Führerkult gewaltigen Auftrieb. Selbstredend unterstützte Hitler das militärische Vorgehen gegen Berlin, das unter dem Vorwand kommunistischer Unruhen in Mitteldeutschland in Gang gesetzt werden und zur Bildung einer „nationalen Regierung" im Reich führen sollte. Aber er stieß wegen seiner „ausgesprochenen Napoleon- und Messias-Allüren" bei der bayerischen Reichswehrführung und den Exponenten der Vereinigten Vaterländischen Verbände zunehmend auf Ablehnung. Zugleich zeigte sich der General Ludendorff, der den Strategen des Kampfbunds als populäres Aushängeschild für die Einbindung der Reichswehr unentbehrlich schien, keineswegs bereit, sich Hitler unterzuordnen, zumal dieser eine an Unterwürfigkeit grenzende Hochschätzung gegen den ehemaligen Feldherrn an den Tag legte. Das hinderte die NSDAP allerdings nicht daran, den Parteiführer mit deutlicher Spitze gegen Ludendorff als den unersetzlichen „Führer der deutschen Freiheitsbewegung" herauszustellen. Ludendorff hingegen erblickte in Hitler den „politischen Berater, der die Massen zu mobilisieren verstand", und ähnlich meinte Lossow, daß sich erst noch herausstellen müsse, ob er das Zeug zum „deutschen Mussolini" habe.[39]

Anfang November schien sich endgültig zu bestätigen, daß Hitler, dessen Name von den Direktoriumslisten der rechtsnationalen Honoratioren verschwand, ins politische Abseits geraten war. Der Parteiführer reagierte darauf mit der für ihn kennzeichnenden Mischung aus Nervosität und Unschlüssigkeit, zumal er Schwierigkeiten hatte, die Geldmittel aufzutreiben, um seine auf den Umsturz wartende Privatarmee zusammenzuhalten. In dieser Lage formte sich bei ihm die Vision, daß nur unmittelbares Handeln die bevorstehende nationale Katastrophe abzuwenden vermöge. Unter dem Stichwort: „Aufrollen der deutschen Frage in letzter Stunde von Bayern aus: Aufruf einer deutschen Freiheitsarmee unter einer deutschen Regierung in München" wandte er sich am 23. Oktober gegen die bloß auf „bayerische Abwehr" eingestellte Haltung von Kahrs und forderte eine Politik des „großen Wurfes".[40]

Das in Bayern herrschende Triumvirat, das aus von Lossow, dem Chef der Bayerischen Reichswehrdivision, von Seißer, dem Kommandeur der bayerischen Landespolizei und dem Generalstaatskommissar von Kahr, bestand, zögerte, den Startschuß für den geplanten Marsch auf Berlin zu geben, da man – nachdem General von Seeckt abgewinkt hatte – noch immer eine Parallelaktion mit dem Freiherrn von Gayl in Berlin in Gang zu bringen hoffte. Das war das Resultat einer Besprechung aller Beteiligten unter Einschluß von Oberstleutnant Kriebel als Vertreter des Kampfbundes im Generalstaatskommissariat am 6. November 1923.[41] Zugleich lehnte man den Plan einer „Reichsdiktatur Hitler-Ludendorff", der vom Kampfbund ventiliert worden war, rundheraus ab.

Um der geplanten rechtskonservativen Aktion zuvorzukommen, beschloß die Kampfbundführung am Abend des 6. November, die Umsturzaktion auf eigene Faust am 10./11. November durchzuführen. Das Konzept, die bayerische Regierung zum Mitgehen zu zwingen, war keineswegs neu und zielte auf die Errichtung einer Militärdiktatur unter Ludendorff, während Hitler die nicht näher definierte Rolle des „politischen Führers" einzunehmen gedachte.[42] In Hitlers Erklärung im Bürgerbräukeller beanspruchte er ausdrücklich, die „Leitung der Politik der provisorischen nationalen Regierung", und erst in den in der Nacht zum 9. November gedruckten Plakaten wurde dessen Reichskanzlerschaft ausdrücklich gefordert.[43] Bemerkenswert ist, daß Hitler ähnlich wie 1933 mit der Betrauung von Rudolf Heß mit der Führung der Partei am Abend des 8. Februar das Amt des Parteivorsitzenden an Julius Streicher abgab, möglicherweise weil er dies mit dem Anspruch, die Gesamtnation zu vertreten, für unvereinbar hielt.[44] Daß Hitler die für das Wochenende geplante Aktion kurzfristig auf den Abend des 8. November vorverlegte, womit der größere Teil der militärischen Vorbereitungen, insbesondere die Heranziehung von in der Provinz stehenden Verbänden des Kampfbunds, nicht mehr durchführbar war, geschah in hektischer Reaktion auf das von Kahr am Abend veranstaltete Treffen von bayerischen Honoratioren im Bürgerbräukeller, hinter dem Hitler die Absicht vermutete, die Kampfbundführung definitiv auszubooten.[45] Auch wenn dies nicht das erklärte Ziel Kahrs war, der allerdings zögerte, den ewig zur Aktion drängenden Hitler zu empfangen, diente die Versammlung doch dem Zweck, die in den Vortagen unternommenen Anstrengungen, die Führer der nationalen Verbände bis zur Klärung in Berlin von der Auslösung gewaltsamer Aktionen – der ursprünglich vereinbarte Zeitpunkt des Losschlagens war der 15. November – zurückzuhalten.

Bekanntlich suchte Hitler sich in der Versammlung im Bürgerbräukeller mit dem Mittel der Erpressung der Zustimmung des Triumvirats zu versichern, daß er zusammen mit Ludendorff an die Spitze einer „provisorischen nationalen Regierung" trete. Von Kahr, von Lossow und von Seißer hielten sich jedoch nicht an das ihnen auf Drängen des von dem eilends herbeizitierten Ludendorff abgepreßte Ehrenwort und leiteten schon in der Nacht Gegenaktionen gegen den von den Verbänden des Kampfbundes unternommenen Staatsstreich ein, der wegen mangelnder logistischer Vorbereitung und Entschlossenheit nicht zu durchgreifenden militärischen Erfolgen führte.[46]

Angesichts des am frühen Morgen offenkundig werdenden Steckenbleibens der Erhebung verlor Hitler den Kopf. Er setzte seine Hoffnung auf eine Vermittlung durch den Kronprinzen Rupprecht, dessen Kabinettschef von den Putschisten samt einigen Mitgliedern der bayerischen Regierung in Geiselhaft genommen war und der Hitlers politische Qualitäten ziemlich gering einschätzte. Um aus der völlig verfahrenen Lage herauszukommen, kam es auf die Anregung Kriebels zu dem verzweifelten Entschluß, die angestrebte Reichsdiktatur Ludendorff-Hitler auf plebiszitärem Wege zu erzwingen.

Hitler, der zunächst unschlüssig war und vergeblich auf eine Antwort des Kronprinzen wartete, bestand ebenso nachdrücklich wie erfolglos darauf, daß es sich um eine unbewaffnete

Demonstration handeln müsse (doch waren Teile des Zuges schwer bewaffnet, und auch Hitler trug seine Browning-Pistole mit sich). Die Initiative zum Handeln ging von Ludendorff aus, der sich gegen den abenteuerlichen Plan eines Weichens auf den Chiemgau aussprach und lapidar erklärte: Es ist bemerkenswert, daß Hitler die Kampfbundtruppen nicht auf sich, sondern auf den Feldherrn Ludendorff verpflichtete.[46a] Mit dem Gedanken an einen rauschhaften Propagandamarsch, der die Herzen der Nation erobern sollte, fühlte er sich wieder in seinem Element, wohingegen er zuvor die militärischen Aktionspläne aus einer Mischung von Rivalität und Mißtrauen skeptisch betrachtet hatte. Er glaubte an die Macht der Propaganda und hielt es für ausgeschlossen, daß sich die bayerische Landespolizei oder Einheiten der Reichswehr dem nationalen Demonstrationszug in den Weg stellen würden.[47]

Hitler, der sich seiner Verhaftung durch die Flucht entzog, stand nach dem gescheiterten Putsch vom 8./9. November vor dem Zusammenbruch seiner politischen Karriere. Erst der alsbald vor dem Münchner Volksgericht anberaumte Prozeß verschaffte ihm ein Propagandaforum, auf dem er seine Rehabilitierung betreiben und sich wirkungsvoll als nationaler Märtyrer gerieren konnte. Das war nicht zuletzt deshalb möglich, weil das Gericht alles tat, um Ludendorff aus der Schußlinie herauszunehmen und dessen Verantwortung für die Auslösung des Umsturzversuches weitgehend zu kaschieren. Daß es sich um eine Gegenrevolution der bayerischen Rechten gehandelt hatte, die durch Hitlers einseitiges Vorprellen durchkreuzt worden war, geriet darüber in Vergessenheit, und die Beteiligten beeilten sich, die Spuren zu verwischen.

Im Grunde war Hitler schon vor dem Putschversuch der Auffassung gewesen, daß die nationale Revolution nicht mit militärischen, sondern allein mit propagandistischen Mitteln durchgesetzt werden müsse, und daher betrachtete er sich als deren geborenen Führer, was von den Militärs auch in seiner engeren Umgebung belächelt wurde. Der Ausgang des Marsches auf die Feldherrnhalle befestigte in ihm die Überzeugung, daß in jedem Falle nicht gegen die bewaffnete Macht gehandelt werden dürfe, und er hat folgerichtig die Versuche Ernst Röhms, die zunächst als Frontbann fortexistierende SA als militärischen Verband zu führen, abgelehnt und später, als dieser aus Bolivien zurückkehrte, die Bestrebungen zur Bildung einer Milizarmee verworfen, die Reichswehr und SS zur Aktion des 30. Juni 1934 herausforderten.[48]

Andererseits führt es zu weit, aus diesem Sachverhalt zu folgern, daß sich Hitler schon damals einer legalen Machteroberungsstrategie verschrieben hätte, wenngleich er, um seine vorzeitige Entlassung und die Neugründung des NSDAP 1925 zu ermöglichen, der bayerischen Regierung versicherte, künftig nur im legalen Rahmen vorzugehen.[49] Die Konsequenzen, die der Parteiführer aus dem Debakel des 9. November 1923 zog, bestanden in erster Linie darin, Bündnisse mit gleichgerichteten Organisationen auszuschlagen und keine politischen Bindungen gegenüber den Parteien der bürgerlichen Rechten einzugehen.

Bei der Neugründung der NSDAP 1925 achtete er peinlich darauf, daß alles auf seine Person und seine uneingeschränkte Führerrolle abgestellt war. Die Phase der Putschversuche von rechts war vorüber. Für Hitler galt es, den Siegeszug der „nationalsozialistischen Idee" mit allen propagandistischen Mitteln zu betreiben. Seine Vision blieb die gleiche wie 1923: die Macht mußte ihm durch die unaufhaltsame Kraft der Bewegung und der „Idee" gleichsam selbsttätig und nicht als Resultat von Koalitionsabreden und Interessenbündnissen zufallen. Mit diesem visionären Kalkül eines „Alles oder Nichts" gewann er am 30. Januar 1933 die Regierung und damit die Macht.

Wolfgang Benz

Erziehung zur Unmenschlichkeit
Der 9. November 1938

Charlie Chaplin hatte früher als andere die Vision, welche Bedrohung das nationalsozialistische Deutschland für die Menschheit bedeutete. Im „großen Diktator", der 1940 in die Kinos kam, hat er viel mehr entlarvt als nur die brutale Lächerlichkeit des Führers Hinkel und seiner Anhänger. Der Pogrom gegen die Juden steht, was oft nicht bemerkt wird, im Zentrum des Films, dient als Chiffre für die barbarische, weit über gewöhnlichen Machtanspruch hinausgehende Dimension des Regimes. Den Anstoß hatten die Schreckensbilder des 9. November 1938, die Deutschland der Welt bot, gegeben.

Das NS-Regime hatte in dieser Nacht die Maske fallen lassen, seine wahre Natur enthüllt. Als Vorwand diente das Attentat des 17jährigen Herschel Grünspan auf den Legationssekretär Ernst vom Rath in der deutschen Botschaft in Paris. Der junge Jude hatte protestieren wollen gegen die brutale Abschiebung von Juden polnischer Nationalität aus Deutschland. Die Nachricht vom Tod des Diplomaten am Abend des 9. November traf die im Alten Rathaus in München versammelten NS-Größen, die dort wie jedes Jahr ihre Traditionsfeier zum Putschversuch von 1923 begingen, im richtigen Moment für die folgende Inszenierung. Die Stimmung war durch eine Pressekampagne, die dem Attentat vom 7. November folgte, schon längst angeheizt. Um 21 Uhr kam die Nachricht, Hitler und Goebbels verabredeten das Weitere, dann verließ Hitler den Raum, und Goebbels legte mit seiner Haßtirade gegen die Juden los, predigte Rache und „Vergeltung".[1]

Er wurde von den Bonzen der NSDAP und den Führern der SA verstanden, sie gaben die Botschaft weiter an die Unterführer, die Kreisleiter und Ortsgruppenleiter im ganzen Reich. Die Parteigenossen sprangen aus den Betten. In Räuberzivil und gelegentlich auch in Uniform demonstrierten und agierten sie ab Mitternacht „die gerechte Empörung des deutschen Volkes". Brandstiftung und blinde Wut gegen Menschen und Sachen, die Zerstörung jüdischer Geschäfte, Plünderung, Mißhandlung, Mord an jüdischen Bürgern waren grelle Zeichen, daß die Früchte von Aufklärung und Emanzipation im Staat der Nationalsozialisten verachtet und verschleudert wurden. Deutschland demonstrierte der Welt, daß es kein Land der Vernunft und des Rechts mehr sein wollte.[2]

Die Ereignisse der Pogromnacht vom 9. zum 10. November 1938, ihre Vorgeschichte und ihre Folgen gehören zu den am besten erforschten und dokumentierten Ereignissen der Zeitgeschichte. Es gibt eine ganz große Zahl von Berichten, die großenteils unmittelbar oder bald nach der „Reichskristallnacht" verfaßt wurden, überwiegend von deutschen Juden, die ins Exil flohen. Die Justiz hat nach 1945 die Untaten in vielen Orten rekonstruiert und geahndet und die lokale Geschichtsschreibung hat sich in steigendem Maße des Novemberpogroms angenommen, weil damit, zugleich mit der Zerstörung der Synagoge und anderer Einrichtungen der Gemeinde, das Ende jüdischen Lebens im Ort markiert war.

Die Schreckensnacht verlief im ganzen Deutschen Reich – zu dem seit einigen Monaten auch Österreich gehörte – in ganz ähnlicher Form. Zumeist in Zivil erschienen SA-Männer und Angehörige anderer Parteigliederungen, den spontan aufwallenden Volkszorn darstellend, vor Gebäuden der Jüdischen Gemeinde, vor Geschäften und Wohnungen bekannter Juden. Sie johlten und warfen Fenster ein. Die Synagogen waren bevorzugte Ziele, die krawallseligen Horden erbrachen die Türen, verwüsteten das Innere und legten schließlich Feuer. Die Feuerwehr hatte ausdrücklichen Befehl, brennende Synagogen nicht zu löschen, sie sollte lediglich Nachbarhäuser schützen, wenn der Brand überzugreifen drohte. Im ganzen Land machte sich der von Würdenträgern der SA und der NSDAP (die oft auch Bürgermeister waren) geführte Mob das Vergnügen, in jüdische

Wohnungen einzudringen, Mobiliar zu zerstören und verängstigte Juden, angesehene Kaufleute, Rechtsanwälte, Rabbiner und andere Leute von Reputation, zu mißhandeln und zu demütigen, sie etwa im Nachthemd durch die Straßen zu jagen.

Die Aufforderung zum Pogrom durch die NSDAP kam einem bei vielen Parteigenossen seit der „Kampfzeit der Bewegung" brachliegenden Aktionsbedürfnis entgegen. Die in der SA und anderen Gliederungen der Partei Organisierten waren seit langer Zeit wieder einmal zur Ausübung von Gewalt aufgefordert, die sie nun im guten Glauben ausleben konnten. Das Bewußtsein, an einer parteikonformen Machtdemonstration teilzuhaben und die Erinnerung an die Kampfzeit vor 1933 bildeten die Hauptmotive der Aggression, der Zerstörungswut gegen Sachen und Menschen.

Der Vandalismus der im organisierten Pogrom Agierenden sprang aber auch auf Unbeteiligte über. Als Frucht antisemitischer Propaganda, als Folge der Pressekampagne nach dem Grünspan-Attentat oder, was am häufigsten und wahrscheinlichsten war, aus dumpfer Aggression, aus Sensations- und Zerstörungslust, wie sie durch den Pogrom entfesselt wurden. Beispiele sind gerade aus kleineren Orten überliefert, vielleicht auch deshalb, weil die Anonymität der Täter dort weniger gewährleistet war als in der Großstadt. In einer hessischen Kleinstadt wurde beispielsweise ein 17jähriger Hilfsarbeiter, der mit der NSDAP und mit Politik überhaupt nichts im Sinn hatte, von der Pogromstimmung erfaßt. Er kam gerade auf Urlaub vom Arbeitseinsatz am Westwall und bemerkte den Volksauflauf in seinem Heimatort. Der Ortsgruppenleiter forderte am hellichten Tag des 10. November dazu auf, in das Haus eines Juden einzudringen. Der junge Mann macht mit, gerät in einen Vernichtungsrausch und schlägt schließlich mit der Axt auf den Bewohner des Hauses ein. In einem anderen Ort dringen am frühen Nachmittag des 10. November Kinder und Jugendliche in jüdische Wohnungen ein und zerstören, was sie können, während eine größere Menschenmenge durch die Stadt zieht und Gewalttätigkeiten begeht.

Der Pogrom wurde offensichtlich für nicht wenige zum Ventil für Mord- und Zerstörungsgelüste, die öffentlich abreagiert werden durften. Kaum reputierlicher waren freilich die Reaktionen von Schadenfreude und Genugtuung über das Schicksal der Juden, die sich in Plünderungen, Erpressung und Denunziation äußerten und vor allem auf Bereicherung zu Lasten der rechtlos werdenden Juden zielten: Es ging um die Übernahme der „zu arisierenden" Geschäfte, um Wohnungen, um Büros, Arztpraxen usw. Diese Reaktionen setzten erst nach dem Pogrom ein, sie waren aber von dauernder Wirkung.

Bei aller Verurteilung der Formen roher und offener, staatlich sanktionierter Gewalt bestand doch auch viel Übereinstimmung mit den Absichten des Regimes. Daß die Juden aus dem öffentlichen Leben als Konkurrenten aus der Wirtschaft, als Bürger und Nachbarn aus dem Gesichtskreis in Deutschland verschwinden sollten, wie es erklärtes Staatsziel war, das mit dem Novemberpogrom in die entscheidende Phase zur Durchsetzung trat – dagegen hat sich in Deutschland kaum Protest erhoben, auch dann nicht, als das noch möglich war.

Es gibt aber auch Beweise dafür, daß viele Deutsche im November 1938 Scham empfanden, daß sie erschrocken waren über das, was sie für einen Rückfall in die Barbarei hielten: die öffentliche Demütigung, Mißhandlung und Beraubung einer längst entrechteten Minderheit, die per Gesetz von Vollbürgern zu Staatsangehörigen minderen Rechts herabgestuft waren. Einige haben sich auch, über die Scham hinaus, engagiert. Das Engagement reichte von tätiger Solidarität mit der verfolgten Minderheit bis zum Widerstand gegen das Regime. Die folgenden drei Beispiele von Zivilcourage, Anstand, Protest gegen die Obrigkeit zeigen die Möglichkeiten.

Auch in der Neuen Synagoge, Oranienburger Straße 30 in Berlin-Mitte, waren SA-Männer erschienen und hatten im Vorraum Feuer gelegt. Die Synagoge, 1866 eingeweiht, war mit 3000 Plätzen und einer prächtigen Innenausstattung einer der prunkvollsten jüdischen Kultbauten in Deutschland. Die aufwendige Fassade und die weithin sichtbare goldene Kuppel demonstrierten auch äußerlich Anspruch und Rang des Gebäudes. Die Brandstifter kümmerte das nicht, aber sie wurden an weiterer Zerstörung gehindert durch den herbeieilenden Vorsteher des zuständigen Polizeireviers 16 am Hackeschen Markt, Wilhelm Krützfeld. Der war mit einigen Beamten und bewaffnet mit einem Dokument, das den Bau als unter Denkmalschutz stehend auswies, in der Synagoge erschienen, hatte die SA-Männer davongejagt und die Feuerwehr herbeigeholt, die auch tatsächlich kam und den Brand löschte. Der Reviervorsteher mußte sich am 11. November vor dem Polizeipräsidenten verantworten, geschehen ist ihm nichts. Auf eigenen Antrag wurde er, längst Regimegegner geworden, 1942 in den Ruhestand versetzt.[3]

Den Landshuter Landgerichtsdirektor Dr. Ignaz Tischler konnte man kaum einen Mann des Widerstands nennen. Er war konservativ von Gesinnung, stand zur Zeit des Novemberpogroms im 62. Lebensjahr. Er war von 1918 bis 1933 Mitglied der Deutschnationalen Volkspartei gewesen und zur Förderung seiner Karriere 1935 der NSDAP beigetreten. Dr. Tischler hatte sich aber in seinem Rechtsempfinden nicht beirren lassen und stellte es am Vormittag des 10. November 1938 unter Beweis, als ein Justizangestellter sich damit brüstete, wie er mit anderen SA-Männern in der Nacht die Wohnung des jüdischen Geschäftsmannes Ansbacher verwüstet hatte. Der Landgerichtsdirektor mißbilligte die Tat ausdrücklich und erklärte, wenn er darüber zu richten habe, würde er auf Schadensersatz erkennen und möglicherweise eine Gefängnisstrafe verhängen. Am Abend des folgenden Tages wurde Tischler in einer Kundgebung vom NSDAP-Kreisleiter angegriffen, am 12. November stand es in den lokalen Zeitungen und am Nachmittag dieses Tages wurde der Jurist von 50 jungen Leuten, angeführt von einem NSKK-Obertruppführer, durch die Stadt getrieben, als „Judenknecht" und „Sauhund" verhöhnt, mit Fußtritten traktiert. Der gröhlenden Menge mußte er ein Plakat zeigen, auf dem zu lesen war „Tischler ist ein Volksverräter, er gehört nach Dachau".

Entscheidend für den Fall ist, daß Tischler über die öffentliche Schmähung hinaus nichts passiert ist. Sein Vorgesetzter, der Landshuter Landgerichtspräsident, wußte bei der dienstlichen

Behandlung der Angelegenheit so geschickt die offizielle Lesart vom „spontanen Volkszorn", der zum Pogrom geführt habe, mit der tatsächlichen Steuerung der Ereignisse durch die NSDAP zu konterkarieren, daß Tischler alle Hürden vom angedrohten Strafprozeß (wegen Verstoßes gegen das „Heimtükkegesetz") bis zum Parteiverfahren unbehelligt überstand. Sein Gesuch um Versetzung in den Ruhestand wurde gegenstandslos, die Rehabilitierung bereitete lediglich 1947 beim Entnazifizierungsverfahren Schwierigkeiten, die in zweiter Instanz 1948 aber auch ausgeräumt wurden.[4]

Weniger glimpflich kam Julius von Jan, der Pfarrer im württembergischen Oberlenningen, davon. In seiner Bußtagspredigt im November 1938 hatte er in aller Deutlichkeit den Pogrom verurteilt: „Ein Verbrechen ist geschehen in Paris. Der Mörder wird seine gerechte Strafe empfangen, weil er das göttliche Gesetz übertreten hat. Wir trauern mit unserem Volk um das Opfer dieser verbrecherischen Tat. Aber wer hätte gedacht, daß dieses eine Verbrechen in Paris bei uns in Deutschland so viele Verbrechen zur Folge haben könnte? Hier haben wir die Quittung bekommen auf den großen Abfall von Gott und Christus, auf das organisierte Antichristentum. Die Leidenschaften sind entfesselt, die Gebote Gottes mißachtet, Gotteshäuser, die anderen heilig waren, sind ungestraft niedergebrannt worden, das Eigentum der Fremden geraubt oder zerstört, Männer, die unserem deutschen Volk treu gedient haben und ihre Pflicht gewissenhaft erfüllt haben, wurden ins Konzentrationslager geworfen, bloß weil sie einer anderen Rasse angehörten! Mag das Unrecht auch von oben nicht zugegeben werden – das gesunde Volksempfinden fühlt es deutlich, auch wo man nicht darüber zu sprechen wagt ... Ja, es ist eine entsetzliche Saat des Hasses, die jetzt wieder ausgesät worden ist. Welche entsetzliche Ernte wird daraus erwachsen, wenn Gott unserem Volk und uns nicht Gnade schenkt zu aufrichtiger Buße".

Der unerschrockene Pfarrer, dessen Predigt Jeremia 22, 29 („O Land, Land, höre des Herrn Wort!") zugrunde lag, der die Gelegenheit auch nützte, um die staatsfrommen „Deutschen Christen" als „Lügenprediger" zu geißeln, die nur Heil und

Sieg rufen könnten, aber nicht im Stande seien, des Herrn Wort zu verkünden, schloß mit den ahnungsvollen Worten: „Wenn wir heute mit unsrem Volk in der Buße vor Gericht gestanden sind, so ist dies Bekennen der Schuld, von der man nicht sprechen zu dürfen glaubte, wenigstens für mich auch heute gewesen wie das Abwerfen einer großen Last. Gott Lob! Es ist herausgesprochen vor Gott und in Gottes Namen. Nun mag die Welt mit uns tun, was sie will".[5]

Die Predigt wurde am 16. November gehalten, neun Tage später erschien ein Trupp von 200 Nationalsozialisten vor dem Oberlenninger Pfarrhaus, prügelte den Pfarrer nieder und schleppte ihn ins Gefängnis Kirchheim/Teck. Nach vier Monaten Haft wurde er aus Württemberg ausgewiesen, war dann in Bayern als Pfarrverweser tätig. Im folgenden Jahr wurde er wegen Verstoßes gegen das „Heimtückegesetz" zu 16 Monaten Gefängnis verurteilt, später auf Bewährung entlassen, schließlich zur Wehrmacht eingezogen. Im September 1945 kehrte er in sein Pfarramt nach Oberlenningen zurück.[6] Aus den Reihen der Bekennenden Kirche erfuhren Pfarrer Jan und seine Familie Fürsorge und Zuspruch, die Amtskirche zeigte sich dagegen zurückhaltend. Ein Erlaß der Kirchenleitung in Württemberg vom 6. Dezember 1938 nahm Bezug auf die Bußtagspredigt mit der Bemerkung, es sei „selbstverständlich, daß der Diener der Kirche ... alles zu vermeiden hat, was einer unzulässigen Kritik an konkreten politischen Vorgängen gleichkommt".[7] Der Kirchenleitung war, bei allem Vorbehalt gegen den Nationalsozialismus, am Frieden mit der staatlichen Obrigkeit gelegen.

Die Phantasie derer, die sich wie Pfarrer Jan der Untaten des NS-Regimes schämten, die Zivilcourage zeigten wie Reviervorsteher Krützfeld oder die sich nach dem Pogrom Juden gegenüber solidarisch zeigten, dürfte im November 1938 kaum weiter gereicht haben als zur Vorstellung, die Machthaber wollten die Juden gewaltsam ins Ghetto zurücktreiben oder schlimmstenfalls endgültig aus Deutschland jagen. Bis Auschwitz reichte keine Vorstellungskraft. Wie hätte sie das auch können, überstieg doch das Bevorstehende, die mit dem Pogrom erst eingeleitete letzte Ausgrenzung, noch lange die Phantasie sogar der meisten unmittelbar vom nationalsozialistischen Rassenwahn Betroffenen.

Der Abscheu der gesitteten Welt über die Ereignisse in Deutschland war grenzenlos. Die internationale Presse berichtete in aller Ausführlichkeit, was in der Nacht des 9. November 1938 und in den folgenden Tagen geschah. Es fehlte nicht an Protesten und Bekundungen der Verachtung für die deutsche Regierung, die nicht nur zugelassen, sondern angezettelt hatte, was unter dem niedlichen Signum „Reichskristallnacht" über die deutschen Juden hereingebrochen war. An den „spontanen Volkszorn" glaubte zwar niemand, aber man wußte auch nicht, welchen Grad die Zustimmung der Deutschen zur Rassenpolitik des NS-Regimes erreicht hatte. Die „Washington Post" verglich den 9. November 1938 mit dem 24. August 1572, als tausende Hugenotten in der „Pariser Bluthochzeit" ermordet worden waren. Die europäische Welt habe seither nichts ähnliches mehr erlebt: „Und es ist offensichtlich, daß, wie beim Gemetzel der Bartholomäusnacht, auch bei dem jüngsten grausamen Racheakte gegen die deutschen Juden, die Regierung Pate gestanden hat".[8]

Heinrich Mann erkannte in den von höchster Stelle in Deutschland inszenierten und sanktionierten Untaten des November 1938 zwei Absichten. Der Hitlerstaat mache Reklame auch mit seinen Verbrechen, um die Welt in Schrecken zu halten; die Menschheit solle erstarren und darüber den Widerstand – den er wie viele andere ins Exil getriebene Intellektuelle, Künstler, Wissenschaftler von den Deutschen forderte – vergessen. Der andere Zweck des Pogroms gegen die Juden in Deutschland sei ein pädagogischer, er bestünde in der „Erziehung der gesamten Mitwelt zur Unmenschlichkeit, vermittels der Gewöhnung an ihren Anblick". Entmenschung sei die einzige Lehre des Nationalsozialismus, sein eigentlicher Lehrsatz bestehe in der Botschaft, der Mensch habe kein Recht „auf Freiheit und Würde", und er habe „selbst das Leben nur so lange der Führer es ihm schenkt".[9]

Im Ausland wurde die Verletzung elementarer deutscher Tugenden wie Respekt vor privatem Eigentum, Sparsamkeit, Achtung religiöser Stätten und nachbarschaftliches Verhalten (womit die ganze Skala von Zurückhaltung bis Hilfsbereitschaft gemeint ist) mit Verwunderung registriert – die alltäglichen Normen bürgerlichen Verhaltens im Rechtsstaat schienen für den Novemberpogrom suspendiert. Zutreffend an solchen Vermutungen, die sich in den Spalten der internationalen Presse fanden, war, daß das Deutsche Reich vor aller Welt demonstrierte, daß es kein Rechtsstaat mehr war. Die bürgerlichen Konventionen galten zwar weiter, nur eben nicht mehr für die Juden in Deutschland und je nach Belieben auch nicht für andere Minderheiten.

Man kann den Novemberpogrom als ein Ritual öffentlicher Demütigung deuten, als inszenierte Entwürdigung einer Minderheit, gegen die latente Haß- und Neidgefühle mobilisierbar waren. Beispiele dafür gibt es in fast jedem Ort. In Dinslaken, einer Mittelstadt am Niederrhein, zwischen Duisburg und Oberhausen gelegen, lebten Anfang 1938 146 Juden. Am Ende des Jahres waren es nur noch 72. Dinslaken beherbergte seit 1885 ein jüdisches Waisenhaus, das für die ganze Rheinprovinz zentrale Bedeutung hatte. Am Morgen des 10. November erschienen etwa 20 Männer, die alles kurz und klein schlugen; die 32 jüdischen Waisen, zwischen sechs und sechzehn Jahre alt, flohen durch die Fenster in den Garten. Während die Synagoge und einige Häuser von Juden brannten, beschloß der Polizeichef, eine „Judenparade" durchzuführen: Die Kinder und die Angestellten des Waisenhauses wurden zum Gaudium der Schaulustigen auf einem Karren durch den Ort gefahren, zum Hof der jüdischen Schule, wo sich die Mitglieder der jüdischen Gemeinde bereits befanden. Eine Woche lang wurden alle jüdischen Einwohner der Stadt in einem öffentlichen Gebäude gefangengehalten, eng zusammengepfercht auf einem Strohlager – die Situation war ganz ähnlich in vielen anderen Orten des Deutschen Reiches.[10]

Der Pogrom war als öffentliches Ritual der Erniedrigung, der Demütigung der jüdischen Minderheit inszeniert.[11] Diesem Zweck diente nicht nur die Zerstörung des Eigentums, die Verhöhnung und Mißhandlung der Menschen in der Nacht und am folgenden Tag. Der Befehl zur Inhaftierung von rund 30 000 jüdischen Männern in den drei Konzentrationslagern Dachau, Buchenwald und Sachsenhausen hatte einmal das Ziel, Druck zur Auswanderung auszuüben, deshalb hatte man gut situierte Juden ausgewählt und ließ sie wieder frei, als die Angehörigen Visa und Fahrkarten nach irgendwohin vorweisen konnten, zum anderen sollten die Unglücklichen an Person und Persönlichkeit Schaden erleiden, durch Appellstehen und Prügel, durch sinnlose körperliche Arbeit, durch Todesangst und Entehrung. Das letztere war durch die Entprivatisierung jeglicher Lebensäußerung unter Lagerbedingungen, durch entwürdigende sanitäre Verhältnisse, durch den Sadismus der Bewacher ohne weiteres herzustellen. Die Vorstufe zum KZ erlebten jüdische Männer in Turnhallen, Schulen und Festsälen ihrer Heimatstädte, wo sie tagelang gequält und beschimpft wurden. Das Ende des Hohnes war oft noch nicht erreicht, als den jüdischen Gemeinden Rechnungen für den an ihrem Eigentum begangenen Vandalismus präsentiert wurden. In Erfurt mußte die jüdische Gemeinde nicht nur die Beseitigung des Schutts der zerstörten Synagoge bezahlen, in der Abrechnung fand sich auch ein Posten von zwei Fässern Benzin, verwendet zur Brandstiftung am Gotteshaus.[12]

Eine Bilanz des Sachschadens, von Reinhard Heydrich für Göring erstellt, ergab, daß 7500 jüdische Geschäfte zerstört, daß „dem Volkszorn" und der „gerechten Empörung" der Deutschen Fensterscheiben im Wert von 10 Millionen Reichsmark zum Opfer gefallen waren, daß durch Vandalismus und Plünderung ein Schaden von mehreren hundert Millionen Mark entstanden war. Fast alle Synagogen und Bethäuser waren demoliert oder in Flammen aufgegangen. Dazu kamen hunderte Todesopfer, die Morde, die tödlichen Mißhandlungen und die Selbstmorde, begangen aus Verzweiflung und Entsetzen.

Im Reichsluftfahrtministerium konferierten am 12. November unter Görings Vorsitz Vertreter aller Reichsministerien und der deutschen Versicherungswirtschaft. Die Enteignung der Juden war schon beschlossene Sache, die vollständige „Arisierung" der deutschen Wirtschaft bereits von Hitler entschieden.

Einig waren sich die Minister und Beamten auf der Sitzung, daß die Juden nicht nur für die Pogromschäden haften sollten (durch die Beschlagnahme der Versicherungsleistungen war sichergestellt, daß sie auch wirklich geschädigt blieben), ihnen wurde darüber hinaus eine „Sühneleistung" als Sondersteuer von mehr als einer Milliarde Reichsmark auferlegt. Auf einer Art Ideenbörse wurde dann diskutiert, wie die Juden endgültig und unter möglichst demütigenden Umständen aus der deutschen Gesellschaft entfernt werden könnten. Die Vorschläge reichten vom Verbot, den deutschen Wald zu betreten bis zur Kennzeichnung durch eine bestimmte Tracht oder ein Abzeichen und vom Verbot, Eisenbahnen zu benützen, bis zum Judenbann für ganze Stadtteile.[13]

Durch eine Flut von Verordnungen und Befehlen wurde die Entrechtung und Beraubung in der Folgezeit verwirklicht. Von der Ghettoisierung über die Kennzeichnung (im September 1941), bis zur Deportation und Ermordung in der Tötungsmaschinerie der Lager im Osten war es nach dem Pogrom kein weiter Weg mehr. Die Frage, seit wann die Vernichtung der physischen Existenz der Juden geplant war, wie folgerichtig die einzelnen Schritte aufeinanderfolgten, ob die Nationalsozialisten sich ursprünglich mit der Vertreibung begnügen wollten, ab wann sie dann die Ermordung anstrebten, mag angesichts des Ergebnisses des in Politik umgesetzten Rassenwahns weniger erheblich bleiben. Zur schlüssigen Antwort wird der Hinweis auf die in Programmschriften und Reden in reichlicher Zahl ausgestoßenen Drohungen seit Hitlers Bekenntnisbuch „Mein Kampf" ebenso dienen wie die Tatsache, daß nationalsozialistische Politik immer bestand in der Wechselwirkung von spontanem Handeln, wenn sich Chancen boten, dem Ausnutzen von nicht selbst verursachten Ereignissen (wie dem Reichstagsbrand 1933 oder dem Grünspan-Attentat 1938) und der Verfolgung des kalkulierten Endziels, aber auch Zögern in Phasen der Unsicherheit.

Für ein solches Zögern fand sich unlängst im Moskauer Sonderarchiv ein neuer Beleg. In einer bisher unbekannten Rede, die Göring am 6. Dezember 1938 vor Gauleitern, Oberpräsidenten und Reichsstatthaltern über „die Judenfrage" gehalten hat, machte er nicht nur klar, daß auf ausdrücklichen Befehl Hitlers die Ausgrenzung der Juden künftig diskreter und weniger auffällig als im November 1938 demonstriert vonstatten gehen solle, daß staatliche Organisation vor wildem Aktionismus, praktiziert durch die NSDAP, rangiere. Man war offenbar nervös geworden, da der von Goebbels angezettelte Pogrom außer Kontrolle geraten war. Den „Alten Kämpfern" mußte klar gemacht werden, daß keine Rückkehr zu den Formen offener und öffentlicher Gewalt beabsichtigt war. Hitler habe deshalb auch entschieden, „daß keinerlei Kenntlichmachung der Juden" erfolge, weil niemand in der Lage wäre, dauernde Exzesse zu verhindern („denn wenn irgendeiner über den Durst getrunken hat und auf der Straße geht oder an der Laterne steht und sieht plötzlich zufällig einen Juden, dann wird er den über den Leisten knallen") und weil es nach Meinung Hitlers gewisse Gaue gäbe, „in denen ein solcher gekennzeichneter Jude nichts mehr zu essen bekommen würde und überhaupt nichts mehr kaufen könnte".[14]

Vermutlich hat Hitler den Antisemitismus der Deutschen gar nicht als so stark eingeschätzt, daß solche Fürsorge notwendig gewesen wäre. Der Grund für diese letzte Zurücknahme von Tempo und Geräusch bei der „Endlösung der Judenfrage" lag wohl eher darin, daß man sich der allgemeinen Zustimmung für die öffentliche und exzessive Form der Vertreibung und Ermordung der Juden noch nicht sicher genug war. Die stillschweigende Hinnahme und Billigung aller dann verordneten Diskriminierungen, vom Verbot, Haustiere zu halten, über den Verlust von Telefonanschlüssen und Radioapparaten bis zum Judenstern beseitigte die Zweifel an der Einstellung der Deutschen freilich ziemlich rasch.

Etwas mehr als 50 Jahre später, nach dem Zusammenbruch des Hitler-Staats, nach vier Jahrzehnten mißmutig betriebener „Vergangenheitsbewältigung" im Westen und ritualisiertem Antifaschismus im Osten bot Deutschland der Welt abermals Pogromszenen, in Hoyerswerda 1991 und Rostock 1992, als eine Minderheit – Gastfreundschaft und Hilfe suchende Ausländer, Asylbewerber, Flüchtlinge – beleidigt, geschmäht, am Leben bedroht, vertrieben wurde.

Wie in den Novembernächten 1938 raste im Sommer 1992 entfesselter Mob, tobte sich in Brandstiftung und Steinwürfen aus. In Rostock und zuvor schon andernorts spendeten Bürger den Randalierern Applaus, feuerten sie an, vermittelten ihnen, während die Obrigkeit unsichtbar war, den Eindruck, sie handelten im Auftrag der schweigenden Mehrheit, ja, sie hätten gar den Beifall interessierter Politiker, wenn sie mit Krawall und Feuer, mit Haßgesang und Mordversuch die unerwünschte ausländische Minderheit vertrieben, bzw. so lange terrorisierten, bis sie amtlicherseits abtransportiert wurde, weil ihre Sicherheit nicht mehr gewährleistet werden konnte. Andere nahmen die Reaktion staatlicher Stellen als Ansporn, fühlten sich in ihrer Fremdenfeindlichkeit bestätigt und wieder andere zogen eigene Schlüsse zur Nutzanwendung aus den Ereignissen: Eine Gemeinde in Brandenburg wehrte die Einquartierung von Asylbewerbern dadurch ab, daß sie jugendliche Rechtsextremisten dazu anstiftete und dafür bezahlte, die vorgesehene Unterkunft niederzubrennen. Der Erfolg wurde mit einem bierseligen Fest gefeiert.[15]

Sind die Parallelen zwischen Rostock 1992 und dem Novemberpogrom 1938, von der Größenordnung der Ereignisse abgesehen, nur äußerlich? Oder haben die ausländischen Beobachter recht, die die beschämenden Ereignisse in Deutschland nach „der Wende" als Beweis dafür werten, daß die Deutschen quasi genetisch bedingt faschistische Eigenarten aufweisen, die erst jetzt, nach dem Ende der Aufsicht der Siegermächte des Anti-Hitler-Kriegs über das zweigeteilte Deutschland wieder zutage träten? Um Annäherungen an eine Antwort zu finden, muß man sich differenziert vergegenwärtigen, was jeweils geschah.

In der „Reichskristallnacht" wurde unter regierungsamtlicher Regie das Signal gesetzt zur definitiven, zur physischen Ausgrenzung der Juden in Deutschland, die mit den Nürnberger Gesetzen 1935 und einer Flut von diskriminierenden Verordnungen längst begonnen hatte, die nach dem Pogrom aber mit der Wegnahme des Eigentums durch „Arisierung", durch

Ghettoisierung, Stigmatisierung durch den Judenstern und schließlich mit der Deportation in die Vernichtungslager im Osten endete.

In Rostock entluden sich Frustrationen und sozialer Streß an unschuldigen Objekten der Aggression, an Ausländern, auf die ein verbreitetes Unbehagen an unübersichtlichen und als bedrohend empfundenen Zuständen projiziert wurde. Interessierte Politiker haben, als sie „das Ausländerproblem" in Szene setzten, das Ihre dazu beigetragen. In ungläubigem Staunen sahen sie dann zu, wie ihnen die Kontrolle über den Protest entglitt. Der entfesselten Wut der Straße – die auch und vor allem ihnen galt – haben sie stunden- und tagelang nichts entgegenzusetzen gehabt. Unter dem Beifall der in ihrem Ordnungssinn gekränkten Bürger (die Asylbewerber im Wohnviertel Rostock-Lichtenhagen störten ja wirklich die bürgerliche Ordnung, und das war von den Verantwortlichen beabsichtigt oder doch wenigstens mit Billigung in Kauf genommen) errang die Straße einen vorübergehenden Sieg. Nicht anders war, trotz allem Entsetzen, trotz der Scham und dem Zorn der Mehrheit der deutschen Bürger, der Abtransport der Asylbewerber, die Abwesenheit der Polizei, die anschließende Publizität der rechten Szene, die vielfache Nachahmung des Rostocker Aufruhrs bis hin zu den Morden in Mölln und Solingen zu verstehen.

Die Ereignisse in Rostock und Hoyerswerda waren, das bleibt festzuhalten, jedoch spontaner Ausfluß von Unsicherheit, Angst und Dumpfheit von unten, und darin liegt der wesentliche Unterschied zur Schreckensnacht des Jahres 1938. Im November 1938 war die Situation trotz äußerer Ähnlichkeiten anders, die „Reichskristallnacht" war von Staats wegen inszeniert, kaltblütig und flächendeckend kalkuliert und diente als Auftakt für Schlimmeres, für den letzten Akt aggressiver Rassenpolitik des NS-Regimes.

Auch in Rostock wurde der materielle Schaden bilanziert. Allein drei Millionen Mark betrugen die Kosten für den Einsatz von Polizei, Feuerwehr und Krankenwagen, dazu kommen die Schadenersatzforderungen von Wohnungsbaugesellschaften und Hauseigentümern. Sie begründen ihre Forderungen gegen die öffentliche Hand – Schäden durch Vandalismus sind nicht versichert – damit, „daß die Regierung die Eskalation zugelassen habe und so für die entstandenen Kosten haftbar sei".[16]

Die materiellen Schäden des Novemberpogroms und seiner Folgen wurden im Rahmen der „Wiedergutmachungs"-Gesetzgebung der Bundesrepublik, so gut es geht, behoben. Die immateriellen Beschädigungen der Menschen durch Demütigung und Mißhandlung, durch den Verlust von Heimat und Selbstvertrauen, von Glück und Gesundheit waren nicht gutzumachen. Das Schicksal von Julius Loewy steht für viele. Julius Loewy kommt im Jahr 1900 in Hofgeismar bei Kassel zur Welt. Er wird im September 1918 noch Soldat, macht dann das Abitur und beginnt in Würzburg Zahnmedizin zu studieren. Er wird Mitglied in der schlagenden Verbindung „Salia", die in den achtziger Jahren des vorigen Jahrhunderts gegründet worden war als betont jüdische Antwort auf den Antisemitismus der meisten akademischen Korporationen. Nach dem Examen kann sich Loewy als junger Assistenzarzt und Vertreter von Kollegen bis Anfang 1936 in Hamburg beruflich entfalten. Als Kriegsteilnehmer ist er von manchen Diskriminierungen noch ausgenommen, aber die Zulassung zu Krankenkassen bekommen jüdische Ärzte und Zahnärzte nicht mehr. Da die Chancen zur Auswanderung so schlecht sind und weil aber Loewy als deutscher Patriot sein Vaterland auch nicht verlassen will, gründet er mit seinen Ersparnissen eine Privatpraxis mit bester Adresse, am Jungfernstieg 2 in Hamburg. Nach günstigem Start wagen es aber immer weniger Patienten, ihn aufzusuchen. Bis zum 9. November 1938 hält er sich gerade über Wasser.

Das Berufsverbot für jüdische Zahnärzte, Tierärzte und Apotheker wird im Januar 1939 verfügt, aber Dr. Loewy praktiziert schon seit 10. November 1938 nicht mehr, dem Tag, an dem er verhaftet und ins Konzentrationslager gesperrt wird. Unter den Mißhandlungen und Schikanen zerbricht die bürgerliche Existenz, der Entlassung folgen Auflösung und Flucht. Das ist schwer genug zu bewerkstelligen. Julius Loewy, der durch den Schock des Lagers für Wochen die Stimme und fürs Leben die Gesundheit verliert, bemüht sich verzweifelt um die Einreiseerlaubnis – egal für welches Land. Die Behörden von USA, Australien, Griechenland, Holland, Luxemburg und sämtlichen britischen Kolonien bittet er um ein Visum, und in letzter Minute, Ende Juli 1939, bekommt er die Erlaubnis für Indien. Die Auflösung der Praxis betreibt der jüdische Zahnarzt mit größter Hast, denn ein nichtjüdischer Kollege hat ihm gedroht, wenn er die Räume nicht vor Weihnachten 1938 übernehmen könne, würde er ihn mit Gewalt hinauswerfen.

Am 24. August 1939 verläßt Dr. Loewy mit kleinem Gepäck und zehn Reichsmark Ausreisegeld (mehr war keinem Emigranten erlaubt) sein Vaterland Richtung Großbritannien. Am 3. September kommt seine Frau mit dem letzten Schiff aus Holland nach. Dann ist Krieg. Das Umzugsgut geht verloren, Loewy kommt ins Internierungslager auf die Insel Man, die Weiterreise nach Indien bleibt ein Traum. Nach der Internierung, 1941, darf er als Assistent in einer Klinik arbeiten, später wird er britischer Staatsbürger und läßt sich als Zahnarzt in London nieder. Knappe zehn Jahre bleiben ihm, dann versagt seine Gesundheit. Im Sommer 1957 muß er sich als Invalide zur Ruhe setzen, wegen der späten und dauerhaften Folgen einer kurzen Haft im KZ. Zwei Jahre später ist er gestorben.[17] Die Haft war Bestandteil des Rituals der Entwürdigung der deutschen Juden im Novemberpogrom 1938. Und der Pogrom war der Auftakt zur letzten Etappe nationalsozialistischer Rassenpolitik, zur Vernichtung der Juden.

Joseph Goebbels, der Regisseur des Pogroms, hat dreieinhalb Jahre später, als der Völkermord an den Juden längst im Gange war, in seinem Tagebuch die Absichten des Regimes (und Hitlers Anteil daran) dokumentiert. In der armseligen und zynischen Sprache, die auch Göring in seiner Rede „Über die Judenfrage" im Dezember 1938 führte, berichtet der Reichspropagandaminister Ende März 1942, die Juden würden jetzt nach Osten abgeschoben: „Es wird hier ein ziemlich barbarisches und nicht näher zu beschreibendes Verfahren angewandt, und von den Juden selbst bleibt nicht mehr viel übrig".[18] Und Heinrich Himmler, Chef der SS, die die Morde ausführte, bramabarsierte mehrfach darüber vor SS-Führern und Wehrmachtsoffizieren, durchdrungen von Biederkeit und geschwollen von Pflichterfüllung. Zuletzt im Mai 1944: „Es war die furchtbarste Aufgabe und der furchtbarste Auftrag, den eine Organisation bekommen konnte: der Auftrag, die Judenfrage zu lösen ... Es ist gut, daß wir die Härte hatten, die Juden in unserem Bereich auszurotten ...".[19]

In der Nacht vom 9. zum 10. November 1938 hatten die Vorbereitungen dazu begonnen.

Peter Bender

Die Öffnung der Berliner Mauer
am 9. November 1989

Das Wort des Tages hieß „Wahnsinn". Die Berliner aus dem Osten der Stadt riefen es, als sie durch die Mauer in den Westteil strömten; und die Westberliner sagten es, als sie ihnen zur Grenze entgegenkamen. Wahnsinn – das drückte das Unglaubliche aus, viele hatten es erhofft, aber nur wenige hatten es erwartet. Die Wirklichkeit übertraf die Einbildungskraft.

Jeder sah, hörte und las, daß die DDR wankte und Honeckers Nachfolger versuchten, sie einer veränderten Welt anzupassen; doch nun sollte von einer Stunde zur nächsten eine Grenze fallen, die 28 Jahre lang ein halbes Volk gefangen hielt, physisch wie geistig. Der DDR-Ministerrat beschloß am 9. November 1989, jedermann dürfe sogleich „Privatreisen nach dem Ausland" beantragen. „Die Genehmigungen werden kurzfristig erteilt. Versagungsgründe werden nur in besonderen Ausnahmefällen angewandt".[1]

Früher glich eine Westreise einem Hürdenlauf: man mußte Verwandte in der Bundesrepublik haben (oder geschickt erfinden). Man mußte Geiseln in der DDR zurücklassen, Frau, Mann, Kinder. Man mußte warten, ob und wann unsichtbare Instanzen entschieden; mancher saß bis zum Reisetag auf gepackten Koffern und wußte nicht, ob er fahren durfte oder nicht. Das alles sollte nun Vergangenheit sein.

Noch sensationeller erschien, daß der Ministerrat am 9. November auch Emigration erlaubte. „Visa zur ständigen Ausreise" würden „unverzüglich" erteilt, „ohne daß dafür noch geltende Voraussetzungen für eine ständige Ausreise vorliegen müssen". Da die DDR ein Glaubensstaat war, galt das Verlassen dieses Staates nicht als Emigration, sondern als Verrat. Und

Verräter, die einen Ausreiseantrag gestellt hatten, erschienen nicht mehr würdig, eine Tätigkeit mit öffentlicher Verantwortung auszuüben, und sei es auch nur als Arzt, Lehrer oder Leiter in untergeordneter Position. Selbst wenn man sie schließlich hinausließ, machte man ihnen bis dahin das Leben schwer; die meisten verloren ihre Arbeit und mußten sich Jahre lang mit Jobs am Leben erhalten.

Und nun hieß es plötzlich, alle Beschränkungen sollten fallen. Auf die Frage, wann die neue Regelung in Kraft treten werde, kam die Antwort: „Ab sofort". Funk und Fernsehen berichteten dennoch mit Vorbehalt und vorsichtig, doch die Ostberliner wollten das Unglaubliche prüfen und wanderten zur Mauer; je mehr sich die Nachricht herumsprach, desto mehr wurden es. Die Grenzposten waren, so scheint es, halb informiert und halb schon demoralisiert. Zuerst versuchten sie, Genehmigungen zu erteilen, dann verlangten sie nur noch, die Ausweise zu sehen, doch allmählich wurde der Andrang übermächtig. Ein Grenzer, der den Strom aufzuhalten suchte und die Lücke, durch die er floß, mit seinem Körper deckte wie die Helden alter Zeiten, erhielt später einen der letzten Orden, welche die DDR vergab. Wäre das Wort nicht zu groß, würde man sagen: ein tragisches Sinnbild sinnloser Pflichterfüllung.

Berlin floß in dieser Nacht zusammen. Die Ostler strebten in den Westteil der Stadt und die Westler in den Ostteil, an den Grenzübergängen begegneten sie einander, sich begrüßend und bedrängend in fröhlichem Chaos. Beide trieb die Neugier und die Lust an nie gekannter Freiheit; alle genossen den „Wahnsinn": heute durfte man, was Jahrzehnte lang für die Ostler mit Haft oder Tod bedroht und für Westler mit ermüdender, zuweilen erniedrigender Bürokratie erschwert war. Heute konnte man die andere Welt erreichen, ohne daß Schlagbäume hinderten und Posten kontrollierten, kommandierten oder schikanierten. Manche Trabis fuhren bis in entfernte Westberliner Bezirke, vielleicht um Freunde zu besuchen oder vielleicht auch nur, um das Fahren weit ins andere Land auszukosten. Am Kurfürstendamm entwickelte sich ein spontanes Volksfest, in Kneipen gab es Freibier für die Gäste von drüben, Unbekannte lagen sich in den Armen, und ein Westberliner taufte jedes Ostauto, das über die Grenze kam, mit einem Spritzer Sekt.

Das Überschreiten der Grenze war in dieser Nacht wichtiger als alles, was jenseits der Grenze lag und lockte. Jahrzehntelang hatte die Mauer Furcht und Haß erzeugt, nun stiegen junge Leute hinauf und besetzten die Mauerkrone. Hunderte saßen nebeneinander, vor ihnen stand nur noch eine dünne Postenkette aus DDR-Grenzern, die hilflos zusahen, wie der „Schutzwall" ihres Staates zum Gespött wurde. Der 9. November 1989 brachte nicht nur die Öffnung der Mauer, sondern auch den Sieg und Triumph über die Mauer.

Was in Berlin geschah, das geschah im ganzen Land, obwohl mit etwas Verzögerung. Auch in den westlichen Randbezirken der DDR machten sich, als die Nachricht von der Grenzöffnung kam, viele auf den Weg, um zu probieren, ob man wirklich hinüberkäme. In den nächsten Tagen begann dann eine Völkerwanderung. Die Autobahnen und alle Straßen, die zu den Übergängen in die Bundesrepublik führten, waren verstopft; der gesamte Ost-West-Verkehr stockte, Ankunftszeiten wurden unberechenbar, Liefertermine hinfällig. Ein witziger Kopf erfand die „Trabi-Grenze" als neue deutsche Grenze, sie bezeichnete die Linie, bis zu der die Ostdeutschen nach Westen vorstießen, doch diese Grenze verschwand schneller als alle früheren. Wochenlang war die gesamte Bundesrepublik überschwemmt von Sachsen, Thüringern, Märkern und Mecklenburgern, die sehen und hören, kaufen und kennenlernen wollten.

Wer alt genug war, konnte sich des 13. August 1961 erinnern. Damals wurde über Nacht die Grenze gesperrt, um drei Tage später mit der Errichtung der Betonwand zu beginnen, die für 28 Jahre Berlin zerschnitt. Auch der 13. August hatte zweierlei Bedeutung, er schloß die Ostdeutschen von der Außenwelt ab, und er war ein Tag des Sieges und Triumphes. Die nicht anerkannte, scheinbar gar nicht existente DDR hatte, natürlich mit Moskau im Rücken, die Weltmacht USA herausgefordert und gedemütigt. Sie verwies die drei westlichen Besatzungsmächte auf deren Berliner Besatzungssektoren und erlaubte ihnen nur noch an einer Stelle, dem dann berühmt werdenden Checkpoint Charley, die Hauptstadt der DDR mit ihren Patrouillen zu betreten. Die Ostberliner Mauerbauer waren sich keineswegs sicher, ob die Amerikaner, Briten und Franzosen ihre Provokation tatenlos hinnehmen würden. Doch als dann rein gar nichts geschah und es dem Bürgermeister Willy Brandt überlassen blieb, die aufgebrachten Berliner teils zu beruhigen und teils zu ermutigen, da höhnte Ulbricht: Am 13. August sei „weit weniger passiert als bei einer durchschnittlichen Rock-and-Roll-Veranstaltung im Westberliner Sportpalast."[2]

Natürlich war der Mauerbau ein schlagender Beweis der Schwäche. Die deutschen Kommunisten versagten vor der selbst gestellten Aufgabe, der Bundesrepublik eine sozialistische Alternative entgegenzustellen, die von den Ostdeutschen getragen würde und auch die Westdeutschen allmählich überzeugen könnte. Durch die ganzen fünfziger Jahre liefen durchschnittlich zweihunderttausend Männer, Frauen und vor allem junge Leute vor dem SED-Sozialismus davon. So war kein Staat zu machen: Wie sollte ein Betrieb produzieren, wenn unklar war, wie viele Arbeiter noch am nächsten Tag an den Drehbänken standen. Wie sollten Kranke versorgt werden, wenn die Ärzte fortgingen? Wie sollte es überhaupt irgendwo funktionieren, wenn die Leitung nicht wußte, mit wem sie künftig rechnen könne, oder die Leitung selbst verschwand? Wie sollte eine Armee aufgebaut werden, wenn die Wehrpflichtigen sich der Einberufung durch Flucht ins Feindesland entziehen konnten? Erst ein halbes Jahr nach dem Mauerbau wagte die DDR-Regierung, die allgemeine Wehrpflicht einzuführen.

Alle kommunistischen Staaten brauchten, um ihre Art von Sozialismus „aufzubauen", geschlossene Grenzen; nur die DDR mußte zwölf Jahre lang mit dem großen Fluchtloch Berlin leben – ewig konnte das nicht weitergehen. Auch ohne die Berlinkrise 1958 bis 1962 (bei der Moskau mehr im Auge hatte als Berlin) stand der SED-Staat vor der Wahl, sich entweder aufzugeben oder abzuriegeln. Erich Honecker hatte recht, als er Ende 1992 in seiner Erklärung vor dem Moabiter Gericht sagte, auf die Mauer zu verzichten hätte geheißen, die DDR schon 1961 aufzugeben.[3]

So wurde der Gewaltakt am 13. August zu einem Triumph der Schwäche. Er führte jedermann vor Augen, daß Adenauers Deutschlandpolitik gescheitert war. Die Stärke des vereinten Westens, so hatte der alte Kanzler versprochen, werde den Osten zur Wiedervereinigung zwingen, aber nun zeigte sich, daß die Stärke des Westens nicht einmal reichte, um die Vollendung der Teilung zu verhindern. Die Verbündeten werden uns bei der Vereinigung helfen, hatte Adenauer gesagt, deshalb müßten die Westdeutschen fest zum Westen stehen; doch Amerikaner, Briten und Franzosen sahen mit demonstrativer Gleichgültigkeit zu, wie der Stacheldraht quer durch Berlin gezogen wurde. Zweiundsiebzig Stunden brauchten sie, bis sie in Moskau einen formalen Protest abgaben.[4]

Die deutsche Frage wurde am 13. August buchstäblich festgemauert. Noch 1959 hatten die Westmächte einen Plan für die Wiedervereinigung Deutschlands präsentiert und mit der Sowjetunion darüber zu verhandeln versucht, allerdings mit wenig Hoffnung. Nach der Abriegelung der DDR und dem Ende der Kubakrise waren Deutschlandkonferenzen ganz undenkbar geworden: „Die Frage der Wiedervereinigung war einfach vom Tisch", berichtete Wilhelm Grewe, einer der Spitzendiplomaten Bonns.[5]

Für die Ostdeutschen bedeutete das viel mehr als für die Westdeutschen, die – in ihrer großen Mehrheit – gut auch ohne Einheit leben konnten. Die Ostdeutschen sahen den Osten handeln und den Westen reden, und immer mehr breitete sich bei vielen die Überzeugung aus, der Osten, der entschlossen, zielbewußt und konsequent seine Macht ausdehne, werde über kurz oder lang den entschlußlosen, schwankenden und ängstlichen Westen besiegen. Hatte es noch Zweck, aus Bonn oder Washington wirksame Hilfe zu erwarten? Oder fügte man sich lieber in Verhältnisse, die unabänderlich erschienen?

Die praktische Wirkung der Mauer verstärkte die moralische. Ulbricht und Honecker diente das Bauwerk tatsächlich als „Schutzwall", allerdings nicht gegen den Faschismus, wie sie behaupteten, aber gegen das Beispiel des freien und reichen Westens. Nach dem August 1961 konnten sich Deutsche beider Seiten nur noch treffen, wenn Bundesbürger ihre Verwandten in der DDR besuchten, was nicht ohne weiteres möglich war: Nicht jeder Bundesbürger durfte hinein, und nicht jeder DDR-Bürger durfte Westbesuch empfangen. Die beiden Hauptströme deutsch-deutscher Begegnung konnten nicht mehr fließen: die Mauer hielt die Westberliner draußen und die Ostberliner drinnen.

Früher waren viele aus der DDR nach Berlin gefahren, um einmal „Westen" zu tanken. Sie bummelten über den Kurfürstendamm, kauften mit eins-zu-vier getauschtem Geld ein Paar modische Schuhe oder einen Wasserkran, gingen für Ostmark ins West-Theater oder -Kino und besuchten Freunde und Verwandte. Jetzt gab es den „Westen" nur noch elektronisch. Sogar das sollte aufhören, doch die wilde Kampagne gegen die auf den Klassenfeind orientierten Fernsehantennen wurde bald eingestellt. Die Führung wollte den Bogen nicht überspannen, und die Hauptsache war erreicht: Kein DDR-Bürger, von ausgesuchten Ausnahmen abgesehen, konnte sich noch einen eigenen Eindruck von der anderen Welt verschaffen. Erst drei Jahre später, 1964, ließ Ulbricht die Rentner reisen; und erst das Berlinabkommen und der Grundlagenvertrag, beide der DDR halb aufgenötigt, öffneten Anfang der siebziger Jahre einige Tore. Die Westberliner durften wieder nach Ost-Berlin und in die übrige DDR, die Bundesbürger kamen leichter hinein, und Ostdeutsche fuhren in den Westen, sofern ihre „Familienangelegenheiten" als „dringlich" anerkannt wurden. Bis Anfang der achtziger Jahre waren das im Schnitt nur vierzigtausend im Jahr. Wer keine Verwandten im Westen vorweisen konnte und wer dem Regime als „Geheimnisträger" unentbehrlich erschien, mußte weiter zu Hause bleiben.

Mit gewissem Recht haben Historiker den 13. August 1961 als den zweiten Gründungstag der DDR bezeichnet. Die brutale, oft mörderische Form, den Staat zusammenzuhalten, hat zwar dessen internationale Anerkennung sehr erschwert; die DDR blieb bis zu ihrem Ende der Mauer-Staat, und Honecker mußte sich noch in den achtziger Jahren, wenn er in westlichen Hauptstädten empfangen wurde, peinliche Fragen nach dem monströsen Bauwerk anhören. Doch so hoch der Preis war – da es um die Existenz ging, erschien er der Führung gerechtfertigt.

Tatsächlich hat die Mauer den Staat der SED etwa zwei Jahrzehnte konsolidiert. Bevor sie stand, konnte jeder, dem es in der DDR unerträglich wurde, über Berlin entweichen; da es noch ein Schlupfloch in die äußere Freiheit gab, war die innere Freiheit leichter zu bewahren. Nach dem 13. August wurde die Lage buchstäblich ausweglos, die Regierung hatte unbeschränkte Macht über das Volk. Seitdem mußte sich jeder darauf einstellen, sein gesamtes Leben in der DDR zuzubringen. Alle Ansprüche, die er hatte, alle Pläne, die er machte, alle Hoffnungen, die er hegte, konnten nur Wirklichkeit werden unter den Bedingungen der kommunistischen DDR. Deshalb wurden die Ostdeutschen nicht Kommunisten, aber sie richteten sich in den Verhältnissen, wie sie waren, ein. Sie hatten sich die DDR nicht ausgesucht, die meisten konnten sich einen besseren Staat denken, aber dies war nun einmal ihr Staat. Seine Leistungen waren auch ihre Leistungen, und seine Erfolge schmückten auch sie.

Wie die Mauer die Existenz der DDR sicherte, so gefährdete jedes Tor, das sie passierbar machte, die Stabilität des SED-Staates. Seit Mitte der achtziger Jahre sah Honecker sich gezwungen, dem Druck von unten und dem Drängen aus Bonn nachzugeben, und lockerte die Verbote für Reisen und Auswanderung in die Bundesrepublik. Auch Jüngere, unterhalb des Rentenalters, durften zu Besuch nach Westen fahren. Noch 1985 waren es nur 66000 Reisen dieser Gruppe, 1988 waren es fast anderthalb Millionen.

Die Bedeutung dieses Wandels ist kaum zu überschätzen. Ein Vierteljahrhundert lang war die Grenze für Normalbürger unpassierbar gewesen, die meisten Jüngeren machten jetzt zum ersten Mal Bekanntschaft mit der Bundesrepublik. Der westliche Teil Deutschlands konkretisierte sich vom Fernsehbild zu einer selbst erfahrenen Wirklichkeit. Der Austausch der Reiseeindrücke wurde zu einem Hauptgesprächsthema, die Bundesrepublik lag nicht mehr auf einem anderen Stern, sie trat als ein erreichbares Land ins allgemeine Bewußtsein.

Noch wichtiger erscheint: Die Möglichkeit, das westliche Deutschland zu besuchen, verringerte keineswegs den Wunsch, dorthin auszuwandern. Manche in der SED-Führung und in den Kirchen hatten das gehofft, doch das Gegenteil trat ein. Das Reisen beflügelte das „Ausreisen", nicht wenige kamen erst durch den Besuch der Bundesrepublik auf den Gedanken, dort für immer leben zu wollen. So wurde die „Ausreise" zum Hauptproblem der DDR – wohin man Mitte der achtziger Jahre kam, vor allem davon war die Rede. Die Anzahl der Anträge stieg gewaltig. Die Führung meinte, klug zu handeln, wenn sie dem Drang, in Maßen, nachgab; sie hoffte, sich die Leute vom Halse zu schaffen, aus denen doch niemals ordentliche DDR-Bürger im Sinne der Partei würden. Doch sie irrte sich. Die Ausreisewilligen wurden nicht weniger, sondern mehr, der Druck nahm zu und die Unruhe stieg.

Die Öffnung nach Westen, so vorsichtig sie geschah, hat die DDR innerlich verändert. Denn nun gab es für die Ostdeutschen wieder eine Alternative: sie waren nicht mehr unrettbar gezwungen, ihr gesamtes Leben in der DDR zu verbringen, ihre Zukunft war nicht mehr von der Schule bis zur Rente vorgezeichnet. Zwar erschwerte der Staat die Auswanderung, so sehr er konnte, doch sie war möglich geworden, und jeder kannte jemanden, dem sie gelungen war. Vielleicht hat nichts die politische Stabilität der DDR so unterhöhlt wie das Wiedererstehen der Alternative; allein die Möglichkeit, das Land zu verlassen, gab innere Freiheit. Man mußte sich nicht mehr in allem anpassen und nicht mehr jede Zumutung hinnehmen, denn im Notfall konnte man gehen. Auch wer es gar nicht wollte, konnte damit drohen. Der Ausreiseantrag wurde zum Druckmittel des kleinen Mannes, um durchzusetzen, was er sonst nicht erreichte – in den letzten DDR-Jahren zuweilen mit Erfolg.

Schon bevor die Mauer fiel, hatte sie einen Teil ihrer Wirkung eingebüßt. Aber noch immer sperrte sie mehr Ostdeutsche ein, als sie hinausließ. Selbst wenn es jeder fünfte gewesen ist, der schon vor dem Spätherbst 1989 den Westteil Deutschlands kennenlernte, den anderen vier Fünfteln gab erst der Ministerrats-beschluß vom 9. November den Weg frei.

Wie kam es zu diesem Beschluß? Als Ulbricht im Sommer 1961 die Mauer baute, hatte er den militärischen Schutz der Sowjet-union und die, wenn auch etwas widerwillige Solidarität der anderen Mitgliedsstaaten des Warschauer Pakts. Im Sommer 1989 fehlte beides. Gorbatschow hatte den abhängigen Ländern erlaubt, über ihre politische Zukunft selbst zu bestimmen, er verzichtete darauf, ein vom Volk bedrohtes Regime mit der Sowjetarmee an der Macht zu halten. Damit löste sich auch die schon brüchige Solidarität zwischen den Oststaaten auf. In Po-len regierte seit dem Sommer 1989 der Demokrat Mazowiecki, in Budapest regierten Reformkommunisten, die sich auf dem Weg zur Demokratie befanden, und in Prag herrschten zwar noch konservative Kommunisten, doch sie waren sich ihrer Macht und ihrer selbst schon nicht mehr sicher.

Honecker konnte sich auf seine Verbündeten nicht mehr ver-lassen, doch ohne deren Hilfe konnte die Mauer ihren Zweck nicht länger erfüllen. Immer mehr Auswanderungswillige stürmten die bundesdeutschen Botschaften in Prag, Warschau und Budapest, die Regierungen dort waren es leid, in endlosen Verhandlungen zwischen Bonn und Ost-Berlin lavieren zu müssen: Bonn beharrte darauf, daß die Flüchtlinge in die Bun-desrepublik weiterfahren dürften, Ost-Berlin verlangte die Rückkehr in die DDR. Um beiden gerecht zu werden, entwik-kelten die Diplomaten groteske Lösungen: Die Botschaftsbe-setzer mußten mit DDR-Zügen über DDR-Gebiet in die Bun-desrepublik gebracht werden, damit die Führung von Auswei-sung aus der DDR sprechen konnte. Als jedoch weitere Aus-wanderungswillige in Dresden und anderswo auf diese Züge aufspringen wollten und es zu schweren Zusammenstößen mit der Polizei kam, verweigerte Ost-Berlin wiederum, was es vor-her verlangt hatte, und ließ keine Flüchtlingstransporte mehr über DDR-Territorium fahren. Nun ging es direkt oder durch die Luft in die Bundesrepublik.

Honecker war isoliert, hilflos und auf dem besten Wege, sich und seinen Staat der Lächerlichkeit preiszugeben. Sein politisches Ende begann, als sich die ungarische Führung entschloß, die Grenze nach Österreich auch für DDR-Auswanderer zu öffnen. Budapest folgte seinem nationalen Interesse, es entschied sich für Bonn, das ihm wirtschaftlich und politisch wichtiger war als Ost-Berlin, und überließ die Genossen an der Spree ebenso ihrem Schicksal, wie Gorbatschow es tat. Die DDR war erstmals in ihrer Geschichte ganz auf sich gestellt, Honecker hätte eine Mauer auch nach Osten und Süden bauen müssen, wenn die Mauer nach Westen weiter ihren Zweck erfüllen sollte. Er resignierte, flüchtete sich in den Selbstbetrug und behauptete, das Volk der DDR habe sich auf immer für den Sozialismus entschieden. Acht Tage später, am 18. Oktober 1989, wurde er gestürzt.

Die Nachfolger versuchten zu retten, was vielleicht noch zu retten war.[6] Sie wollten vor allem die Kluft überwinden, die sie vom Volk trennte, und ließen ein Gesetz ausarbeiten, das die Reisen nach Westen auf neue Art regeln sollte. Doch es wurde ein Gesetz nach Art der DDR; die Einschränkungen der Sache brachten die Sache fast zum Verschwinden. Der Entwurf wurde überall kritisiert und erreichte das Gegenteil seines Zwecks, er bewies nicht den guten Willen der neuen Mannschaft, sondern deren Unfähigkeit zu wirklichem Neubeginn. Damit die ohnehin geringe Glaubwürdigkeit nicht ganz verloren ging, mußte schnell etwas geschehen. Auch die Tschechen drängten, als sich die westdeutsche Botschaft in Prag wieder mit Flüchtlingen füllte.

Da einige Wochen vergehen würden, bis ein neues Reisegesetz die Volkskammer passieren konnte, versuchte man, mit einem Vorgriff auf dieses Gesetz die Lage zu entspannen. So kam es zu dem Ministerratsbeschluß vom 9. November, der Reisen und Ausreisen fast ohne Einschränkung erlaubte. Generalsekretär Egon Krenz legte ihn dem gerade tagenden Zentralkomitee vor, ohne viel Aufhebens zu machen. Und als das Politbüromitglied Günter Schabowski die Presse über die ZK-Tagung informieren wollte, drückte ihm Krenz den Text mit dem Reisebeschluß in die Hand: „Das könnte ein Knüller werden".

Auch Schabowski behandelte die Sache beiläufig. Er sprach

erst einmal über alles mögliche andere, dann konnte er den Zettel mit dem Beschluß nicht finden, und als er endlich zu Tage kam, verlas er den Text mit hohem Tempo – er wollte der Öffentlichkeit nicht allzu deutlich zeigen, „daß die DDR auf dem letzten Loch pfeift". Die Merkwürdigkeiten dieser Pressekonferenz gaben Anlaß für vieles Rätselraten, doch der Irrtum der Führung wurde oft an der falschen Stelle gesucht. Krenz und Schabowski haben die Mauer nicht versehentlich geöffnet, aber sie täuschten sich über die Folgen dessen, was sie taten. „Ich konnte mir natürlich nicht vorstellen", schrieb Schabowski später, „daß am Abend und in der Nacht der Run auf die Mauer losgehen würde. Dazu reichte meine Phantasie nicht aus". Der Satz erinnert an eine Äußerung von Heinrich Albertz, der 1961 in West-Berlin den Bau der Mauer erlebte. Jeder, schrieb Albertz, habe sich damals ausrechnen können, daß die DDR-Führung gegen die Massenflucht etwas unternehmen werde, aber was sie dann tat, konnte „auch die größte Phantasie sich nicht vorstellen".[7] Beides, das Errichten wie das Schleifen der Mauer, war voraussehbar, aber wurde nicht vorausgesehen, es lag jenseits dessen, was die Phantasie auch erfahrener Politiker noch erreichte.

Am späten Abend wurde Schabowski in der Politbüro-Siedlung Wandlitz angerufen und über den Andrang an der Grenze informiert. Er setzte sich, „während Wandlitz schlief", ins Auto und fuhr nach Berlin, sah die Autokolonnen nach Westen fahren und erkundigte sich am Grenzübergang Heinrich Heine-Straße nach der Lage. „Ich hatte ja die absonderlichsten Vorstellungen. Ich dachte, die setzen mit einer Flanke über die Mauer, die DDR läuft aus. Doch der Grenzer sagte: ‚Nein, es läuft alles hervorragend. Die Menschen sind in phantastischer Stimmung, und was beruhigend ist, sie weisen ihren Personalausweis vor'. Als ich das mit dem Personalausweis hörte, war ich der Meinung, die DDR sei gerettet: Obwohl die Bürger sich frei bewegen können, fegen sie diese Grenze nicht weg, sondern respektieren sie".

Auch die jüngeren Führungsmitglieder, die der Wirklichkeit noch näher waren als die Honecker-Generation, vermochten die Situation nicht zu erfassen. Sie wußten zwar, daß sie die Menschen nicht mehr einsperren konnten, doch sie begriffen nicht, wie Eingesperrten zumute ist, denen sich nach Jahrzehnten die Gitter öffnen: Zuerst ungläubiges Staunen und noch die eingeübte Disziplin, dann aber der Rausch der Freiheit, der keine Grenzen mehr respektiert.

Nicht nur im Zentralkomitee ist die plötzliche und totale Öffnung nach Westen kritisiert worden. Hätte man die Tore langsam aufmachen sollen? Hätte man es überhaupt gekonnt? Egon Krenz und seinem neu-alten Politbüro fehlten dazu die Autorität und daher auch die Kraft. Wie immer die Reisebeschränkungen ausgesehen und wen sie getroffen hätten – der Druck wäre weiter gewachsen und die Auswanderung über andere Länder wäre weitergegangen. Der Beschluß vom 9. November war eine Kurzschlußhandlung, getroffen aus einer Notlage und in Unkenntnis der Folgen, aber er entsprach einer unentrinnbaren Notwendigkeit. Solche Beschlüsse sind keine Seltenheit. Die Weltgeschichte ist reich an wahrhaft historischen Entscheidungen, die in Blindheit für die Konsequenzen zustandekamen.

Auch war es nicht nur die sehr mittelmäßige SED-Führung, die sich damals irrte. Nur wenige erkannten im Spätherbst 1989, daß der Fall der Mauer das Ende der DDR und den Anfang der Vereinigung Deutschlands einleitete, ja sogar unvermeidbar machte. Die friedliche Revolution in Leipzig, Dresden und Berlin zielte ja auch nicht auf die Vereinigung mit der Bundesrepublik, sondern auf eine Befreiung der DDR. Doch bald danach, im März 1990, wählte die große Mehrheit der Ostdeutschen nicht die Anführer beim Aufstand gegen die Diktatur, sondern die westdeutschen Parteien, die für die Vereinigung eintraten. Die Majorität wollte keine DDR mehr, gleich wie sie aussehen würde. Die Enthüllungen über Mißwirtschaft und Wohlleben der SED-Prominenz bildeten ein starkes Motiv. Das zweite lag in der Erkenntnis, daß die DDR ganz und gar pleite war und aus eigener Kraft nicht oder erst spät auf die Beine kommen konnte.

Der dritte Beweggrund ergab sich aus der Öffnung der Mauer. Jetzt konnte sich jeder den anderen Teil Deutschlands ansehen, und es scheint, als habe das beinahe jeder in den Wochen nach dem 9. November getan. Für viele war es die erste Bekanntschaft mit der Bundesrepublik, eine flüchtige Bekanntschaft in euphorischer Stimmung, die nicht viel mehr als die glänzende Oberfläche erkennen ließ. Die Reisenden kamen in ein Land, in dem es allen gut zu gehen schien: sauber, ordentlich, geputzt bis zur Unwirklichkeit, mit vollen Läden, modernen schnellen Autos und entspannt wirkenden Bewohnern, die ihre Besucher aus dem Osten noch sehr freundlich empfingen. Da lag es nahe zu denken, hier seien alle Probleme gelöst, unter denen die DDR litt – wozu sich noch weiter mit dem maroden Oststaat abmühen! Zumindest bei Älteren kam noch ein Gefühl nationaler Verbundenheit hinzu, das sich in der isolierten DDR stärker erhalten hatte als in der europäisierten Bundesrepublik.

Was damals mehr gewirkt hat – die Enttäuschung über den eigenen Staat oder die Anziehungskraft des anderen –, wird sich schwer feststellen lassen. Sicher erscheint jedenfalls: Die Begegnung mit dem reichen und freien Deutschland war für manchen DDR-Bürger fast ein Kulturschock und hat wesentlich dazu beigetragen, den eigenen Staat aufzugeben und sich dem anderen anzuschließen.

Da die Ostdeutschen in ihrer großen Mehrheit die Vereinigung wollten, mußten die Westdeutschen sie ebenfalls wollen; manche wollten sie auch wirklich und erhoben sie zum Ziel, als sie erkannten, daß die historische Gelegenheit nahte. So begannen nun die Westdeutschen, die offenen Grenzen zu nutzen. Die Parteien, außer den Grünen, mischten sich sogleich in den Volkskammer-Wahlkampf ein, beherrschten ihn bald mit ihrem Geld und ihrer Erfahrung und schufen sich eine Anhängerschaft in der DDR. Geschäftsleute, vom mobilen Obsthändler bis zum Großkonzern, überzogen das Land, um sich dort festzusetzen. Institutionen jeder Art, von den Universitäten bis zu den Sportverbänden, bemühten sich, alte Verbindungen wieder aufzunehmen und neue anzuknüpfen. Nicht zuletzt machten sich Verwandte und Freunde auf den Weg, ebenso Geflüchtete und Ausgewiesene, manche konnten jetzt erstmals ihre Heimat wieder besuchen. Es war ein buntes Bündel von Motiven: Expansionsbetrieb und Patriotismus, Geschäftssinn und Kollegialität, Neugier und echte Teilnahme vermischten sich zu einem Gegenstrom, der seit Beginn des Jahres 1990 von West nach Ost floß.

Zugleich ging die Auswanderung aus der DDR in die Bundesrepublik weiter, es war eine Bewegung, über deren Stärke sich die Politiker jeglicher Couleur täuschten. Honecker hatte angenommen, das Reisen in den Westen werde den Leuten die Lust zum Ausreisen dorthin nehmen. Seine Nachfolger hatten alle Beschränkungen aufgehoben und geglaubt, einen Staat, den man jederzeit verlassen kann, würden weniger Leute verlassen. Die westdeutschen Politiker hofften, in einer DDR, die nicht mehr diktatorisch regiert werde, würden die Leute bleiben. Schon am 9. und 10. November beschworen alle Parteien die Ostdeutschen. Wenn „Reformen mit dem Ziel der Freiheit eintreten", sagte der Bundeskanzler, „dann werden auch unsere Landsleute dort, die sich jetzt mit dem Gedanken tragen, die DDR zu verlassen, in ihrer angestammten Heimat bleiben". West-Berlins Regierender Bürgermeister Walter Momper bat die Auswanderungswilligen zu prüfen, „ob sie nicht doch mehr Vertrauen in den Prozeß der Erneuerung ... in der DDR haben können, ob sie nicht gebraucht werden beim demokratischen Aufbruch in der DDR". Der Freidemokrat Wolfgang Mischnick, selbst aus Sachsen stammend, schloß seine Bundestagserklärung am 9. November mit der „herzlichen" Bitte: „Bleibt daheim!" Und Helmut Lippelt von den Grünen am selben Tag: „Es kann ja nicht so sein, daß weiterhin Bürger der DDR vor freien Wahlen davonlaufen".[8]

Aber sie liefen weiter – zwar nicht vor den freien Wahlen davon, aber hin zu den besseren Lebensverhältnissen im Westen. Die Bundesregierung geriet unter Zugzwang. Sie wußte, daß die Mehrheit der Westdeutschen, schon nervös geworden durch viele Übersiedler aus der Sowjetunion und Polen, eine große Zuwanderung aus der DDR nicht aushalten werde. So mußte Bonn etwas tun, um die Lebensverhältnisse im Osten denen im Westen anzugleichen. „Kommt die D-Mark nicht zu uns, kommen wir zur D-Mark", hieß die Drohung von drüben, der die Bundesrepublik eilig nachgab. Vom 1. Juli 1990 an galt die D-Mark auch in der DDR, Deutschland war ökonomisch vereint.

Begonnen hatte alles am 9. November 1989, seitdem flossen der West- und der Ostteil des Landes zusammen. Es war ein elementarer Vorgang, den niemand geplant hatte und niemand zu beherrschen vermochte. Die deutschen Politiker, ob in Berlin oder Bonn, reagierten auf das, was geschah, und nutzten es, wo sie konnten, doch sie wirkten allesamt mehr als Getriebene denn als Gestalter.

Dasselbe gilt für das Ausland. Der Rechtslage nach konnten die Deutschen gar nicht über sich selbst bestimmen, denn alles, was „Deutschland als Ganzes" betraf, lag in der Kompetenz der vier Siegermächte Amerika, Sowjetunion, Großbritannien und Frankreich. Die Deutschen durften sich ohne Genehmigung der vier nicht vereinigen, doch sie taten es, nicht der Form nach, aber tatsächlich; nicht die Regierungen gingen die entscheidenden Schritte, aber das Volk.

Was sollten die Vier Mächte machen? Keiner von ihnen, überhaupt niemandem in Europa war an einer Vereinigung der Deutschen gelegen; außer den Amerikanern fürchteten alle ein germanisches Großreich in der Mitte des Kontinents. Aber konnten sie eine Entwicklung unter Kontrolle bekommen, die den deutschen Regierungen schon halb entglitt? Sollten sich die Vier zusammensetzen und gemeinsam beschließen, was in Deutschland erlaubt sei und was nicht? Es gab einen schwachen Versuch. Im Dezember 1989 trafen sich die Botschafter der vier Mächte in Berlin, es war das erste Mal seit achtzehn Jahren, und demonstrierten, daß sie noch Rechte in Deutschland hatten.[9] „The meeting was the message", kommentierte ein amerikanischer Beobachter, doch das meeting war nur eine müde Geste.

Die Vier Mächte konnten die deutsche Vereinigung nicht verhindern. Margaret Thatcher hat es mit der ihr eigenen Zähigkeit bis zum letzten Augenblick versucht; auch Mitterand hätte es vermutlich gern getan, war aber zu klug, sich auf ein Abenteuer einzulassen, das zu einem unheilbaren Bruch zwischen den Deutschen und dem Westen führen konnte. Die Bundesrepublik war ein bewährter Verbündeter in EG und Nato, außerdem hatten sich die drei Westmächte 1955 vertraglich verpflichtet, für die Wiedervereinigung zu wirken. Doch entscheidend war wohl: Was sich seit dem Herbst 1989 in Deutschland vollzog, war ein demokratischer Prozeß par excellence, es war der Schulfall der Selbstbestimmung eines Volkes – dagegen konnten Demokratien nicht angehen.

Für die sich wandelnde Sowjetunion galt fast das gleiche. Die Maueröffnung traf die Moskauer Führung „wie ein Blitz aus heiterem Himmel, sie war auf eine solche Entwicklung nicht vorbereitet".[10] Gorbatschow fürchtete, die aufgestauten Gefühle in beiden Teilen Berlins könnten außer Kontrolle geraten und in „ein Chaos" führen; er erkundigte sich bei Kohl und Brandt, ob die Lage noch beherrschbar sei; beide beruhigten ihn. Die Welt stand auf dem Kopf: Früher hatte die DDR-Regierung, wenn es um Berlin-Politik ging, „immer mit großer Korrektheit" jegliche „Eigenwilligkeiten" vermieden,[11] jetzt zerstörte sie die Grundlage der Berlin-Politik, ohne Moskau zu fragen; erst am folgenden Tag informierte Krenz telegraphisch Gorbatschow und bat um Verständnis. Früher garantierte Moskau mit seiner Armee, daß in Berlin Ruhe blieb; jetzt bat Moskau westdeutsche Politiker, „beruhigend auf die Menschen einzuwirken".

Die sowjetische Führung hatte zwar noch ihre ganze militärische Macht, aber politisch war sie hilflos. Was hätte sie tun können? Die DDR-Regierung, die ihren Staat nicht mehr in der Hand hatte, zur Abgrenzung gegen Westen nötigen? Sowjetische Soldaten an den Grenzen postieren und die Mauer wieder schließen? Es gab Verantwortliche in Moskau, die das empfahlen, aber Gorbatschow wollte sich seine Politik nicht verderben lassen. Er wünschte zwar keine Vereinigung Deutschlands, sondern eine reformiert sozialistische DDR, aber Gewalt konnte er nicht mehr anwenden, sonst hätte er sein Hauptziel zunichte gemacht, die Sowjetunion mit westlicher, besonders deutscher Hilfe zu sanieren und zu modernisieren.

Die Deutschen haben sich vereinigt, bevor Deutschland vereinigt wurde. „Unten" hatte sich vollzogen, was „oben" nur noch vollendet und in eine Form gebracht werden konnte. Die Ursachen für die Vereinigung sind vielfältig, doch ermöglicht und zu hohem Tempo vorangetrieben wurde sie, weil sich am 9. November 1989 die Schleusen öffneten. Was sich ein Vierteljahrhundert lang aufgestaut hatte, brach nun mit einer Gewalt hervor, die alle Rechtstitel und historischen Befürchtungen, viele politische Interessen und die meisten klugen Planungen fortschwemmte.

Der 3. Oktober 1990, der neue Nationalfeiertag der Deutschen, krönte die immense Arbeit aller Regierungen, die beide Staaten zu einem machten und der vergrößerten Bundesrepublik einen Platz in Europa gaben. Aber die Vereinigung der Deutschen fand schon ein Jahr vorher statt, als Begegnung nach endlos erscheinender Trennung und als ein Massenerlebnis, das auch tiefe spätere Enttäuschungen nicht verdrängen dürfen. Wäre der 9. November nicht mit furchtbaren früheren Erinnerungen belastet – wir müßten ihn als Tag der deutschen Vereinigung feiern.

Fritz Stern

Vier Tage im November

Daß viermal in diesem Jahrhundert gravierende Ereignisse der deutschen Geschichte auf denselben Tag – den 9. November – fielen, ist Zufall. Das Datum war ein Zufall, während die Ereignisse in der Geschichte gründeten, die niemals frei ist von Kontingenz, sondern stets offen ist und die immer auch einen anderen Verlauf hätte nehmen können. Von allen diesen Tagen sollte nur der letzte, der 9. November 1989, ein wirklich freudiger sein, stand er doch für die Selbstbefreiung eines Volkes. Die Erinnerung an diesen Tag wird jedoch verdunkelt vom Gedenken an einen früheren 9. November, an den von 1938, als zum erstenmal der Nazi-Sadismus gegen die Juden öffentlich zum Ausbruch kam. Die Koinzidenz dieser Daten versinnbildlicht eine Last, die auf der deutschen Nation liegt: Ihre komplizierte und kompromittierte Vergangenheit ist von ungeheuerlicher Gegenwärtigkeit in der Welt von heute. Jede Nation wird von ihrer Vergangenheit, einer oft halb imaginierten oder erfundenen, geprägt, aber nur wenige Nationen hatten eine so bewegte, widerspruchsvolle Geschichte wie die deutsche. Seit dem Ende des Zweiten Weltkriegs haben viele Deutsche Versuche abgewehrt, ihre Vergangenheit zu verzerren, zu verschweigen oder zu verharmlosen; aus diesem Grund ist ihre Geschichte zu einer sie polarisierenden Streitfrage geworden, und viele Menschen im vereinten Deutschland möchten heute die Vergangenheit am liebsten „normalisieren", ja vielleicht sogar neutralisieren. In jedem Fall aber ist der Wille zum Vergessen stark.

Bei der Rekonstruktion der Geschichte dieses Jahrhunderts haben deutsche Historiker – oder doch eine sehr große, imponierende Gruppe unter ihnen – meisterliche Arbeit geleistet. Die vier hier versammelten Beiträge sind ein Musterbeispiel für profunde Gelehrsamkeit, die narrative Kraft und den Willen zum gerecht abwägenden Urteil, die für die neuere deutsche Geschichtsschreibung so kennzeichnend sind. Jeder einzelne Beitrag bietet gleichsam die Quintessenz des immensen Wissens seines Verfassers; dennoch bleibt allen Historikern bewußt, daß ihre Arbeit nur ein Teil dessen ist, was das Geschichtsbewußtsein eines Volkes ausmacht. Der Wunsch ist groß, sich an angenehme Verallgemeinerungen zu klammern, die den eigenen politisch-moralischen Vorlieben entgegenkommen, und dem Historiker obliegt es, ein herkömmliches und allzu bequemes Vergangenheitsverständnis richtigzustellen und zu problematisieren. Die deutsche Vergangenheit ist in ihrer ganzen Komplexität zu beschreiben – in ihrer Größe wie in ihrem vielfachen Scheitern.

Die vier Ereignisse – die vier 9. November – veranschaulichen wesentliche Themen in der deutschen Geschichte. Erstens ereigneten sie sich alle in einem europäischen Kontext; Deutschland wurde von dieser größeren Welt ringsumher ebenso geprägt, wie es sie seinerseits geprägt hat – um so mehr, als es geographisch und politisch im Mittelpunkt der Ereignisse stand. Zweitens darf man – wenn auch in furchtbarer Vereinfachung – den spirituellen, religiösen Hintergrund dieser Ereignisse nicht übersehen. Und drittens gebe ich zu bedenken, daß die Deutung – häufiger noch die Mißdeutung – dieser Ereignisse durch die Zeitgenossen unweigerlich die späteren Entwicklungen in moralischer wie psychologischer Hinsicht in ganz entscheidender Weise mit beeinflußt hat. Derartige Kontinuitäten und Diskontinuitäten von Einstellungen und Stimmungen sind für das Verstehen der Vergangenheit unentbehrlich.

Der 9. November 1918 war eine Revolution für den Frieden, war der Wunsch nach sofortiger Beendigung des sinnlosen Sterbens, verbunden mit der Hoffnung auf größere soziale Gerechtigkeit in einer neuen politischen und wirtschaftlichen Ordnung. Vier Jahre lang – bei immer größer werdender Trauer und Entbehrung – hatte Deutschland eine Kriegsanstrengung durchgehalten, die seine ungeheure, disziplinierte Kraft und seine technische Modernität beweisen und zugleich immer krasser die Unzulänglichkeiten eines überholten politischen Systems offenbart hatte, das 1917 praktisch zur Diktatur geworden war. Die Menschen fragten sich im selben Jahr, wozu ihnen diese ungeheuren Opfer abverlangt wurden. Welche Kriegsziele verfolgten ihre Führer? Warum bestanden sie darauf, das Blutvergießen müsse weitergehen?

Die deutsche Führung hatte es mit verschuldet, daß die USA in den Krieg eintraten und der Bolschewismus nach Rußland kam. 1918 waren es diese beiden Mächte, die die Reaktionen Deutschlands auf seine völlig unerwartete Niederlage mitbestimmten. Wilsons moralisierende Noten verlangten eine demokratische Regierung in Deutschland; was ihm vorschwebte, war die friedliche Wiederherstellung des deutschen Staates, doch unterschätzte er dabei den hartnäckigen Widerstand der alten Ordnung. Als die Deutschen auf die Straße gingen, hatten die neuen demokratischen Führer, die H. A. Winkler so trefflich schildert, panische Angst vor dem bolschewistischen Modell, und aus dieser stark übertriebenen Angst vor dem Bolschewismus heraus verbündeten sie sich mit den traditionellen Kräften der Rechten, deren Schlagkraft und Durchsetzungswillen auch sie unterschätzten.

Der Bolschewismus ist heute tot, aber er hat doch einen Triumph verbuchen können: die moskauhörige bolschewistische Bewegung hat seit 1918 das geschwächt, was vor dem Großen Krieg überall in Europa im Aufstieg war: den demokratischen Sozialismus und sein erklärtes Ziel, allen Unterprivilegierten den Genuß der demokratischen Gleichheit zu verschaffen. Mit der Schwächung des Sozialismus machte der Bolschewismus den alten etablierten Klassen ein weiteres, unschätzbares Geschenk: Seine schiere Existenz erlaubte es der Rechten, aus der übertriebenen Angst vor dem Bolschewismus eine ihrer wirksamsten ideologischen Waffen zu schmieden.

Die Novemberrevolution fegte zwar vieles von den äußerlichen Machtinsignien der alten Ordnung hinweg, ließ aber deren Substanz weitgehend unversehrt. Die christlichen Kirchen, die in engstem Bunde mit der konservativen, ja nationalistischen Ordnung gestanden hatten, besaßen noch immer eine starke integrative Kraft. Sie – und viele Bürger ohne ausgeprägte religiöse Bindung – empfanden die Revolution als Bedrohung traditioneller Werte; die Konservativen fühlten sich politisch, aber auch kulturell enteignet. Ihre „idealistischen" Angriffe gegen Weimar – hinter denen sich nur allzuoft materielle Interessen verbargen – trugen wesentlich zum Untergang Weimars bei.

Dies gilt auch für die sofortige Verschleierung der Wahrheit, für die Verlogenheit, die Revolution als Werk von Verrätern hinzustellen, die der siegreichen Armee den Dolchstoß in den Rücken versetzt hätte. Vor der Revolution war es die Zensur gewesen, die die ganze Wahrheit über den Krieg unterdrückt hatte; nach der Revolution vergiftete zusätzlich die schamlose Verlogenheit über die „Novemberverbrecher" das politische Klima. Die alte Justiz, noch immer in Amt und Würden, bewies große Sympathie mit den rechtsradikalen Mördern von großen Persönlichkeiten der Republik, wie dies im übrigen auch für andere Eliten galt.

Wie die Krise von 1918 war auch der Hitlerputsch von 1923 in einen europäischen Zusammenhang eingebettet. Das „Versailler Diktat" hatte die Deutschen empört: Zu den Verlusten von Land sowie den Reparationen kam noch der Wille der Alliierten hinzu, sie zu verletzen und zu demütigen. Die Besetzung des Ruhrgebietes durch Frankreich führte diese Politik fort und stürzte die Republik in eine schwere Krise. Die große Inflation – im Grunde die beispiellose Enteignung eines ganzen Volkes durch seine bürgerliche Führung – wurde, wiederum betrügerischerweise, ausschließlich als Folge alliierter Raffsucht hingestellt; daß die Abwertung der Reichsmark bereits im Krieg bewußt einkalkuliert worden war, wurde dem Volk verschwiegen. 1923 stand das Reich erneut kurz vor der Auflösung, die bolschewistische Gefahr schien greifbarer, und – woran Hans Mommsen erinnert – der italienische Faschismus, der sich seinerseits die rote Gefahr zunutze machte, lieferte Hitler ein Vorbild. Seit seinen allerersten Reden hüllte Hitler sich in ein pseudoreligiöses Gewand und rief sich zum Retter aus, den die Vorsehung dem deutschen Volk in seiner Not gesandt habe. Seine wütenden Tiraden gegen Juden und „Novemberverbrecher" waren in den Augen vieler Konservativer und denen, die ihnen nahestanden, reine Übertreibungen, vielleicht die Spinnereien eines unbedarften Nationalisten.

Die Gerichtsverhandlung gab Hitler eine nationale Plattform, die er mit erstaunlicher rhetorischer Verve für seine Zwecke ausnützte. Schon bald aus der Haft entlassen, nahm er eine Neuordnung seiner Partei vor und erhob die Erinnerung an den Putsch in den Rang eines Rituals: die Verherrlichung der alten Kämpfer, der Mythos der Blutfahne, die Uniformen und Marschlieder waren die heidnisch-religiöse Entsprechung zu älteren militärischen und christlichen Gepflogenheiten. In der als heimatlos empfundenen säkularen Gesellschaft stellte die Choreographie der Hitler-Bewegung eine Versuchung dar, der sogar wirklich religiöse Politiker und Gläubige zuweilen erlagen.

Wie alle historischen Wendepunkte war auch das Pogrom von 1938 tief in der Vergangenheit verwurzelt. Die Nationalsozialisten waren selbst überrascht gewesen von der Leichtigkeit, mit der sie ihre antisemitische Politik hatten durchsetzen können, eine Politik, die meines Erachtens zunächst – darf man sagen „nur"? – auf die völlige Vertreibung aller Juden aus Deutschland abzielte. Die deutsche Öffentlichkeit, eingeschüchtert durch die Diktatur, erhob wenig Protest; schließlich verbuchte das Regime ja auch große Triumphe im In- und Ausland. Zur Überraschung von Hitlers Generälen akzeptierten die großen Demokratien die von Hitler geschaffenen dramatischen Tatsachen, weil sie einerseits eingeschüchtert waren und sich andererseits nur zu gerne selbst täuschten, und stimmten im September 1938 in Namen der Appeasement-Politik der Zerstückelung der Tschechoslowakei zu. Durch das ganze Jahr 1938 hindurch waren die antisemitischen Maßnahmen immer radikaler geworden; jetzt aber – im Taumel großer Triumphe – entfesselten die Nazis ihre ganze sadistische Gewalt gegen die Juden.

Es war ein Zufall, daß vom Rath starb, als die Nazi-Führung gerade zu ihrer alljährlichen gespenstischen Feier des einstigen Putsches zusammengekommen war; aber es war ein Zufall, den

Hitler und Goebbels sich sofort zunutze machten. Ihre pseudo-religiöse Bewegung hatte einen satanischen Sinn für das Symbolische: Am hellichten Tag trieb man Juden durch die Straßen, bevor sie in Konzentrationslagern verschwanden, und steckte die Synagogen in Brand. In München fielen die Nazis auch über die „schwarzen", nämlich katholischen „Kollaborateure" der Juden her und warfen die Fensterscheiben des Erzbischöflichen Palais ein. Die Kirchen waren schockiert – und blieben im großen und ganzen weiterhin stumm. Aber wie Wolfgang Benz zeigt, mußte das Regime entdecken, daß öffentliche Ausschreitungen nicht populär waren, und so führte künftig der Weg nach Auschwitz „durch Nacht und Nebel".

Es folgten Jahre des Horrors. Die Macht Deutschlands stand in ihrem Zenit, die Wehrmacht eroberte fast ganz Europa, und Deutsche begingen auf Anordnung der Nazis beispiellose Greueltaten. Schließlich besiegte das von den Deutschen erzwungene Bündnis aus Sowjetunion, Großbritannien und USA Deutschland, und nun erlitt das verwüstete Land seinerseits immense Verluste an Menschenleben. Vierzig Jahre lang beherrschte eine Diktatur sowjetischen Zuschnitts ein Drittel des Landes mit – nach und nach gemäßigtem – Terror und Zwang. Die Kirchen sahen sich durch die Atheismuskampagne des Regimes unmittelbar bedroht und erinnerten sich zwar an den heldenhaften Widerstand nur einiger weniger Christen, waren andererseits aber auch der Passivität der meisten in der Nazizeit eingedenk. Sie gingen Kompromisse ein, doch als die Stunde schlug, gewährten sie jenen Bürgern Schutz, die die Verlogenheit und die Ungerechtigkeit des „real existierenden Sozialismus" nicht länger ertrugen. Das zunehmende Gewicht des Dissidententums in der DDR hatte seine internationalen Bedingungen: Ohne Solidarność in Polen, ohne die Charta 77 in der Tschechoslowakei, ohne Gorbatschow wären die Deutschen in der DDR nicht in der Lage gewesen aufzubegehren und ihre Rechte einzufordern. In ganz Osteuropa forderten die Menschen Wahrheit, es ekelte sie vor ihrem trostlosen, ihrem enteigneten Leben in verordneter Sinnlosigkeit.

Die Hunderttausende, die am 9. Oktober durch die Straßen

Leipzigs zogen, konnten nicht wissen, ob die Führung nicht einen letzten Versuch unternehmen würde, die Volksbewegung niederzuschlagen, und ob das von ihr ausdrücklich gebilligte Blutbad auf dem Platz des Himmlischen Friedens sich nicht in Leipzig wiederholen würde. Der 9. November 1989 war der Höhepunkt einer friedlichen deutschen Revolution.

Und nun? Wird das Ende der DDR in Erinnerung bleiben nur als Kollaps eines diskreditierten Regimes, begleitet vom Zerfall des gesamten Bolschewismus? Als Triumph des Westens? Oder werden die Deutschen aller Länder den Mut und die Würde, die Disziplin und Klugheit jener Männer und Frauen im Gedächtnis behalten, die sich selbst befreiten?

Die Verzerrung der Ereignisse, die Verfälschung der Geschichte hat diesem Land vielen Schaden zugefügt. Hiervon erzählen jene vier Novembertage – und sie erzählen auch davon, daß deutsche Geschichte nur im Kontext Europas gemacht wird und begriffen werden kann. Trotz der gedrückten Stimmung im Lande, trotz neuaufgebrochener Gräben im vereinigten Deutschland bleibt doch zu hoffen, daß einige Lehren aus der Vergangenheit beherzigt werden, zum Beispiel, daß das menschliche Verlangen nach Wahrheit nicht unterdrückt werden kann und Deutschlands Lebensnotwendigkeit ein starkes und humanes Europa ist.

Anmerkungen

Heinrich August Winkler: Revolution als Konkursverwaltung.
9. November 1918

1 Zit. bei Richard Müller, Vom Kaiserreich zur Republik, Bd. 2: Die Novemberrevolution, Wien 1925, S. 17.
2 Prinz Max von Baden, Erinnerungen und Dokumente. Neuausgabe, Stuttgart 1968, S. 567.
3 Gerhard A. Ritter/Susanne Miller (Hg.), Die deutsche Revolution 1918–1919. Dokumente, Hamburg 1975², S. 61–64.
4 Harry Graf Kessler, Tagebücher 1918–1937. Frankfurt 1961, S. 18.
5 Die Reichstagsfraktion der deutschen Sozialdemokratie 1898 bis 1918. Zweiter Teil, bearb. v. Erich Matthias u. Eberhard Pikart, Düsseldorf 1966, S. 518–520.
6 Prinz Max, Erinnerungen, S. 603; Regierung der Volksbeauftragten 1918/19, 2 Bde., Susanne Miller u. Heinrich Potthoff (Bearb.), Düsseldorf 1969, Bd. 1, S. 3–8.
7 Ritter/Miller (Hg.), Revolution, S. 77–79 (Proklamationen von Scheidemann u. Liebknecht), S. 80 (Eberts Aufruf an die Behörden und Beamten vom 9. 11. 1918), S. 92–94 (Versammlung im Zirkus Busch am 10. 11. 1918), S. 98f. (General Groener über sein „Bündnis" mit Ebert vom 10. 11. 1918). Ausführlicher zum Vorstehenden: Heinrich August Winkler, Von der Revolution zur Stabilisierung. Arbeiter und Arbeiterbewegung in der Weimarer Republik 1918–1924, Berlin 1985², S. 45ff.
8 Ebd., S. 208f. (Eberts Rede in der Nationalversammlung vom 6. 2. 1919).
9 Allgemeiner Kongreß der Arbeiter- und Soldatenräte Deutschlands. Vom 16. bis 21. Dezember 1918 im Abgeordnetenhaus zu Berlin, Berlin 1919, Sp. 226–230, 282, 300.
10 Zusammenfassend dazu Winkler, Von der Revolution, S. 68ff. (mit weiteren Literaturangaben).
11 Ebd., S. 209ff.
12 Zusammenfassend: George Eliasberg, Der Ruhrkrieg von 1920, Bonn 1974; Gerald D. Feldman, Eberhard Kolb, Reinhard Rürup, Die Massenbewegungen der Arbeiterschaft in Deutschland am Ende des Ersten Weltkriegs, in: Politische Vierteljahresschrift 13 (1972), S. 84–105.
13 Zit. nach Heinrich August Winkler, Weimar 1918–1933. Die Geschichte der ersten deutschen Demokratie, München 1993, S. 599.

14 Dieter Dowe u. Kurt Klotzbach (Hg.), Programmatische Dokumente der deutschen Sozialdemokratie, Berlin 1984[2], S. 229.

15 Karl Dietrich Erdmann, Die Geschichte der Weimarer Republik als Problem der Wissenschaft, in: Vierteljahrshefte für Zeitgeschichte 3 (1955), S. 1–19 (7).

16 Arthur Rosenberg, Entstehung und Geschichte der Weimarer Republik. Hg. u. eingeleitet v. Kurt Kersten, Frankfurt 1983. Aus der Literatur der sechziger und siebziger Jahre vor allem: Eberhard Kolb, Die Arbeiterräte in der deutschen Innenpolitik 1918–1919, Düsseldorf 1962[1]; Peter von Oertzen, Betriebsräte in der Novemberrevolution, Düsseldorf 1963[1]; Ulrich Kluge, Soldatenräte und Revolution. Studien zur Militärpolitik in Deutschland 1918/19, Göttingen 1975; Reinhard Rürup, Probleme der Revolution in Deutschland 1918/19, Wiesbaden 1968.

17 Heinrich Ströbel, Die deutsche Revolution. Ihr Unglück und ihre Rettung, Berlin o.J. (Vorwort: 1920), S. 172.

18 Erhard Bernstein, Die deutsche Revolution, ihr Ursprung, ihr Verlauf und ihr Werk, Berlin 1921, S. 172.

19 Richard Löwenthal, Bonn und Weimar: Zwei deutsche Demokratien, in: Heinrich August Winkler (Hg.), Politische Weichenstellungen im Nachkriegsdeutschland 1945–1953. Geschichte und Gesellschaft, Sonderheft 5, Göttingen 1979, S. 9–25 (11).

20 Winkler, Von der Revolution, S. 135 ff., 206 ff.

21 Ausführlicher dazu ders., Weimar, S. 595 ff.

Hans Mommsen: Hitler und der 9. November 1923

1 Hitler, Sämtliche Aufzeichnungen 1905–1924, hrsg. von Eberhard Jäckel und Axel Kuhn, Stuttgart 1980, Nr. 597, S. 1056.

2 Vgl. Hanns Hubert Hofmann, Der Hitlerputsch. Krisenjahre deutscher Geschichte 1920–1924, München 1961, S. 146 f. Kahrs programmatische Rede auf der Bürgerbräuversammlung mit dem Titel „Vom Volk zur Nation" berief sich ausdrücklich auf die Novemberrevolution; vgl. Karl Schwend, Bayern zwischen Demokratie und Diktatur, München 1954, S. 245.

3 Dazu Hofmann, Hitlerputsch, S. 124 ff.

4 S. Hermann Graml, Reichskristallnacht. Antisemitismus und Judenverfolgung im Dritten Reich, München 1988, 16 f.; Hans Jürgen Döscher, „Reichskristallnacht". Die Novemberpogrome 1938, Frankfurt 1988, S. 78 f.

5 Zum Hitler-Ludendorff-Prozeß vgl. Harold J. Gordon, Hitlerputsch 1923. Machtkampf in Bayern 1923–1924, Frankfurt 1971, S. 423 ff.

6 Vgl. Albrecht Tyrell, Vom ‚Trommler' zum ‚Führer'. Der Wandel von Hitlers Selbstverständnis zwischen 1919 und 1924 und die Entwicklung der NSDAP, München 1975, S. 116 ff.

7 Ebd., S. 175 ff.

8 Vgl. Franz-Willing, Die Hitlerbewegung. Der Ursprung 1919–1922, Hamburg 1962, S. 192; Werner Maser, Die Frühgeschichte der NSDAP. Hitlers Weg bis 1924, Frankfurt 1965, S. 396 f.

9 Vgl. ebd., S. 376 sowie Georg Franz-Willing, Die Hitlerbewegung. Der Ursprung 1919–1922, Hamburg 1962, S. 177. Diese Zahlen sind vermutlich zu hochgegriffen, da sie die Mitgliederfluktuation nicht berücksichtigen.

10 Vgl. Wolfgang Horn, Führerideologie und Parteiorganisation in der NSDAP (1919–1933), Düsseldorf 1972, S. 102 f.

11 Ebd., S. 104 f.

12 Vgl. dazu Joseph Nyomarkay, Charisma and Factionalism in the Nazi Party, Minneapolis 1967, S. 62 f.

13 Vgl. Tyrell, Vom ‚Trommler‘ zum ‚Führer‘, S. 134 ff.

14 Ebd., S. 135.

15 Dietrich Orlow, The History of the Nazi Party 1919–1933, Pittsburgh 1969, S. 73.

16 Vgl. Horn, Führerideologie, S. 217; zu Ludendorff s. Bruno Thoss, Der Ludendorff-Kreis 1919–1923: München als Zentrum der mitteleuropäischen Gegenrevolution zwischen Revolution und Hitler-Putsch, München 1978.

17 Hitler am 14. 10. 1923 in Nürnberg, zit. nach Deuerlein: Der Hitler-Putsch. Bayerische Dokumente zum 8./9. November 1923, Stuttgart 1962, S. 220.

18 Aufsatz „Karneval" vom 8. 2. 1921, in: Hitler, Sämtl. Aufzeichnungen, Nr. 195, S. 314.

19 Zitiert nach Tyrell, Vom ‚Trommler‘ zum ‚Führer‘, S. 57.

20 Vgl. Arthur van den Bruck, Das dritte Reich, Hamburg 1922, S. 214; Hans Zehrer, Rechts oder Links?, in: Die Tat 23. Jg./Bd. 2 (Okt. 1931), S. 556.

21 Hitler, Sämtliche Aufzeichnungen, Rede vom 4. 5. 1923, Nr. 525, S. 924. Es heißt anschließend: „Unsere Aufgabe ist, dem Diktator, wenn er kommt, ein Volk zu geben, das reif ist für ihn!"

22 Dies die plausible These von Tyrell, Vom ‚Trommler‘ zum ‚Führer‘, S. 159 f.; vgl. Hitlers Schlußwort vor dem Volksgericht, in: Albrecht Tyrell, Selbstzeugnisse aus der „Kampfzeit" der NSDAP, Düsseldorf 1969, S. 64.

23 Hitler, Sämtliche Aufzeichnungen, Nr. 428, Rede vom 21. 11. 1922, S. 737.

24 Hofmann, Hitlerputsch, S. 63 f.

25 S. Gordon, Hitler-Putsch, S. 151.

26 Hofmann, Hitlerputsch, S. 65.

26a Zur Verstärkung des militärischen Einflusses in der SA im Sommer 1923, s. d. Richtlinien zur „Gründung einer SA" des Oberkommandos der SA vom 11. Juli 1923, vgl. Heinrich Bennecke: Hitler und die SA,

München 1962, S. 69 und Thoss, Der Ludendorff-Kreis 1919–1923, München 1978, S. 315.

27 Hitler, Sämtliche Aufzeichnungen, Denkschrift: Zweck und Aufgabe der Arbeitsgemeinschaft vaterländischer Kampfverbände vom 19. 4. 1923, Nr. 515, S. 903.

28 Gordon, Hitlerputsch, S. 171.

29 Ebd., S. 177 ff. Vgl. aus zeitgnössischer Sicht Emil Julius Gunkel, München von heute, in: Christian Jansen, Emil Julius Gunkel, Portrait eines Zivilisten, Heidelberg 1991, S. 265 ff.

30 Hofmann, Hitlerputsch, S. 76.

31 Hitler, Sämtliche Aufzeichnungen, Denkschrift vom 19. 4. 1923, Nr. 515, S. 905.

32 Gordon, Hitler-Putsch, S. 93 ff; Andreas Werner: SA und NSDAP. SA: „Wehrverband", „Parteitruppe" oder „Revolutionsarmee", Diss. phil. Erlangen – Nürnberg 1964, S. 140 f.

33 Deuerlein, Hitlerputsch, S. 202 f., Anm. 69.

34 Ebd., S. 202.

35 Hofmann, Hitler-Putsch, S. 95 f.

36 S. die bei Deuerlein, Hitler-Putsch, S. 183 wiedergegebene Denkschrift zur Propagandaoffensive gegen von Kahr (die schwerlich als Flugschrift konzipiert war).

37 Reginald H. Phelps: Dokumente aus der „Kampfzeit" der NSDAP – 1923, in: Deutsche Rundschau 84 (1958), S. 459 ff.

38 Im einzelnen dazu Tyrell, Vom ‚Trommler' zum ‚Führer', S. 159 ff., 163 f.

39 Zitiert nach Hofmann, Hitlerputsch, S. 67, 140.

40 Hitler, Sämtliche Aufzeichnungen, Rede am 23. 10. 1923, Nr. 589, S. 1043.

41 Hofmann, Hitlerputsch, S. 135 f.

42 Ebd., S. 149.

43 Der Hitler-Prozeß vor dem Volksgericht in München, Bd. I, München 1924, S. 5. Vgl. Bennecke, Hitler und die SA, S. 92. Proklamation an alle Deutschen, Plakat vom 8. 11. 1923, in: Hitler. Sämtliche Aufzeichnungen, Nr. 598, S. 1057 sowie Ausrufung einer neuen Regierung, 8. 11. 1923, ebd:, S. 1054. Vgl. Hofmann, Hitlerputsch, S. 149, 169 f.

44 Vgl. Hitler, Sämtliche Aufzeichnungen, Nr. 599, S. 1058 sowie Hofmann, Hitlerputsch, S. 201; es spricht einiges dafür, daß Julius Streichers Aussage in Nürnberg (IMT VII, S. 340) im Nachhinein ein defätistisches Motiv unterstellt, doch erfolgte die Übertragung der Parteiführung zu einem Zeitpunkt, zu dem Hitler noch mit dem Gelingen des Putschversuchs rechnete (vgl. Konrad Heiden, Hitler, Bd. 1, Zürich 1936, S. 169). S. auch Joachim C. Fest, Hitler. Eine Biographie, Frankfurt 1973, S. 233, sowie Maser, Frühgeschichte der NSDAP, S. 452 f.

45 Dies die überzeugende Deutung bei Hofmann, Hitlerputsch, S. 146 f.;

s. auch Wilhelm Hoegner, Hitler und Kahr. Die bayerischen Napole-
onsgrößen von 1923, München 1928.

46a Thoss, Ludendorff-Kreis, S. 345.

46 S. die detaillierten Schilderungen bei Hofmann, Hitlerputsch, S. 160ff.
sowie Gordon, Hitlerputsch 1923, S. 244ff.

47 Vgl. ebd., S. 296ff., 315.

48 Vgl. Peter Longerich, Die braunen Bataillone. Geschichte der SA, München 1989, S. 47f., 108, 112ff.

49 Karl Dietrich Brachers Betonung des Prinzips der „legalen Diktatur"
(vgl. ders, Die deutsche Diktatur. Entstehung, Struktur und Folgen des
Nationalsozialismus, Köln 1969, S. 210ff.) vermittelt den irreführenden
Eindruck, als sei die Politik der „Nacht der langen Messer", die Strategie einer auf die SA gestützten gewaltsamen Erhebung, nicht als Alternative bis zum 30. Januar 1933 präsent gewesen (s. Hans Mommsen,
Die verspielte Freiheit. Der Weg der Weimarer Republik in den Untergang, Berlin 1990, S. 511f.).

Wolfgang Benz: Erziehung zur Unmenschlichkeit

1 Der Hergang ist rekonstruiert im Bericht des Obersten Parteigerichts
der NSDAP an Göring vom 31. Februar 1938, Nürnberger Dokument
PS 3063.

2 Wichtigste Literatur: Wolfgang Benz, Der Novemberpogrom 1938, in:
Die Juden in Deutschland 1933–1945. Leben unter nationalsozialistischer Herrschaft, hrsg. von Wolfgang Benz, München 1993³, S. 499–
544; Hermann Graml, Reichskristallnacht. Antisemitismus und Judenverfolgung im Dritten Reich, München 1988; Walter H. Pehle (Hrsg.),
Der Judenpogrom 1938. Von der „Reichskristallnacht" zum Völkermord, Frankfurt a. M. 1988.

3 Vgl. Heinz Knobloch, Der beherzte Reviervorsteher. Ungewöhnliche
Zivilcourage am Hackeschen Markt, Berlin 1990.

4 Alfons Beckenbauer, Das mutige Wort des Dr. Tischler zur Kristallnacht in Landshut, in: Verhandlungen des historischen Vereins für Nie-
derbayern 98 (1972), S. 21–36; Wolfgang Benz, Die Entnazifizierung
der Richter, in: B. Diestelkamp, M. Stolleis (Hrsg.), Justizalltag im
Dritten Reich, Frankfurt a. M. 1988, S. 126.

5 Wortlaut der Predigt bei Georg Denzler, Volker Fabricius, Christen
und Nationalsozialisten, Frankfurt a. M. 1933, S. 340f.

6 Wolfgang Gerlach, Als die Zeugen schwiegen. Bekennende Kirche und
die Juden, Berlin 1987, S. 238.

7 Georg Denzler, Volker Fabricius, Christen und Nationalsozialisten,
Frankfurt a. M. 1993, S. 343.

8 Zit. nach der von Konrad Heiden zusammengestellten Sammlung von

internationalen Reaktionen: Der Pogrom, Paris 1939, S. 97 f.; vgl. auch Shulamit Volkov, The „Kristallnacht" in: Context. A View from Palestine, Year Book Leo Baeck Institute 35 (1990), S. 279–296.

9 Der Pogrom, Paris 1939, Vorwort von Heinrich Mann, S. IV.

10 Kurt Tohermes, Jürgen Grafen, Leben und Untergang der Synagogengemeinde Dinslaken, Dinslaken 1988, S. 73 f.

11 Vgl. Peter Loewenberg, Die „Reichskristallnacht" vom 9. zum 10. November 1938 als öffentliches Erniedrigungsritual, in: Werner Bohleber, John S. Kafka (Hrsg.), Antisemitismus, Bielefeld 1992, S. 39–64.

12 Bericht Harry Stern über den Pogrom in Erfurt, 31. 10. 1954, Wiener Library London/Tel Aviv, P II d (Mikrofilm im Archiv des Instituts für Zeitgeschichte München).

13 Stenographische Niederschrift der Besprechung über die Judenfrage bei Göring am 12. November 1938, Nürnberger Dokument PS 1816.

14 Susanne Heim, Götz Aly (Hrsg.), Staatliche Ordnung und „organische Lösung". Die Rede Hermann Görings „Über die Judenfrage" vom 6. Dezember 1938, in: Jahrbuch für Antisemitismusforschung 2 (1993), S. 378–404, zit. S. 387.

15 Zit. nach taz vom 25. 8. 1993 (Gekaufter Anschlag: Stolpe weckt den Staatsanwalt).

16 Süddeutsche Zeitung 12. 3. 1993 (Rostocker Krawalle kommen teuer).

17 Julius Löwy, Der Körperschaden – oder: „Es ist mir nichts passiert!", in: Jahrbuch 91, Landkreis Kassel, hrsg. vom Kreisausschuß des Landkreises Kassel, S. 133–146.

18 Tagebucheintragung Goebbels zit. nach Hermann Graml, Reichskristallnacht, S. 260 f.

19 Rede Himmlers vor Generalen am 24. 5. 1944 in Sonthofen, ebd., S. 267.

Peter Bender: Die Öffnung der Berliner Mauer

1 Texte zur Deutschlandpolitik, Hrsg. Bundesministerium für innerdeutsche Beziehungen, Reihe III/Band 7 1989, S. 387.

2 Dokumente zur Deutschlandpolitik, Hrsg. Bundesministerium für innerdeutsche Beziehungen, Reihe IV/Band 7, S. 118.

3 Deutschland Archiv 1/1993, S. 102.

4 Willy Brandt, Begegnungen und Einsichten, Hamburg 1976, S. 1.

5 In einer Diskussion im Deutschlandfunk am 2. 12. 1983.

6 Zum Folgenden siehe Günter Schabowski, Das Politbüro, Reinbek 1990, S. 134 ff.

7 Heinrich Albertz, Blumen für Stukenbrock, Stuttgart 1981, S. 255.

8 Texte (Anm. 1), S. 388 ff.

9 Texte (Anm. 1), S. 447.

10 Wjatscheslaw Daschitschew Deutschland Archiv 12/1993, s. 1469.

11 Horst Teltschik, 329 Tage, Berlin 1991, Taschenbuchausgabe 1993, S. 19f., vgl. S. 23, 33, 167, 185. Julij A. Kwizinskij, Vor dem Sturm, Berlin 1993, S. 15f. Mündliche Auskunft von Egon Bahr.
12 Schabowski a.. a. O. S. 137f.
13 Interview mit Krenz in Neues Deutschland vom 9. 11. 1993.
14 Teltschik a. a. O. S. 19.

Über die Autoren

Peter Bender, geb. 1923 in Berlin, 1954 Promotion in Alter Geschichte, seitdem Journalist. Von 1955–1961 beim SFB, danach bis 1988 beim WDR Köln, seit 1970 dessen Berlin-Korrespondent. 1968/69 Research Fellow am Internationalen Institut für strategische Studien in London. 1973 bis 1975 ARD-Korrespondent (Hörfunk) in Warschau. Autor zahlreicher Zeitschriften-Aufsätze und mehrerer Bücher: ,Offensive Entspannung, Möglichkeit für Deutschland' (1964); ,Zehn Gründe für die Anerkennung der DDR' (1968); ,6 x Sicherheit, Befürchtungen in Osteuropa' (1970); ,Die Ostpolitik Willy Brandts oder die Kunst des Selbstverständlichen' (1981); ,Neue Ostpolitik, Vom Mauerbau bis zum Moskauer Vertrag' (1986); ,Wenn es West-Berlin nicht gäbe' (1987); ,Deutsche Parallelen' (1989).

Wolfgang Benz, geb. 1941 in Ellwangen, war Wissenschaftlicher Mitarbeiter des Instituts für Zeitgeschichte in München und ist heute Direktor des Instituts für Antisemitismusforschung in Berlin. Veröffentlichungen im Verlag C.H. Beck: ,Die Juden in Deutschland 1933–1945. Leben unter nationalsozialistischer Herrschaft' (³1993); (Hrsg.) ,Das Exil der kleinen Leute. Alltagserfahrung deutscher Juden in der Emigration' (1991); (Hrsg.) ,Neuanfang in Bayern 1945–1949. Politik und Gesellschaft in der Nachkriegszeit' (1988); (Hrsg.) ,Integration ist machbar. Ausländer in Deutschland' (1993).

Hans Mommsen, geb. 1930 in Marburg, ist Professor für Neuere Geschichte in Bochum. Veröffentlichungen: ,Die Sozialdemokratie und die Nationalitätenfrage im Habsburgischen Vielvölkerstaat' (1963); ,Beamtentum im Dritten Reich' (1966); ,Die verspielte Freiheit. Der Weg der Republik von Weimar in den Untergang 1918–1933' (1989).

Fritz Stern, geb. 1926 in Breslau, lehrt seit 1953 Geschichte an der Columbia University in New York und ist zur Zeit Berater der Botschaft der Vereinigten Staaten in Bonn. Veröffentlichungen u.a.: ,Kulturpessimismus als politische Gefahr. Eine Analyse nationaler Ideologie in Deutschland' (1961; dt. 1963); ,Gold und Eisen. Bismarck und sein Bankier Bleichröder' (1978); (Hrsg.) ,Geschichte und Geschichtsschreibung' (1966).

Johannes Willms, geboren 1948 in Arnsberg, promovierte im Fach Geschichte bei Reinhart Koselleck. Er war Leiter der ,aspekte' beim ZDF und ist heute Feuilletonchef der Süddeutschen Zeitung. Veröffentlichungen u. a.: ‚Nationalismus ohne Nation. Deutsche Geschichte 1789–1914‘ (1983) und im Verlag C. H. Beck ‚Paris. Hauptstadt Europas 1789–1914‘ (1988).

Heinrich August Winkler, geb. 1938 in Königsberg, habilitierte sich 1970 in Berlin an der Freien Universität und war zunächst dort, danach von 1972–1991 Professor in Freiburg. Seit 1991 ist er Professor für Neueste Geschichte an der Humboldt-Universität Berlin. Veröffentlichungen: ‚Weimar. 1918–1933. Die Geschichte der ersten deutschen Demokratie‘ (1993); ‚Preußischer Liberalismus und deutscher Nationalstaat‘ (1964); ‚Mittelstand, Demokratie und Nationalsozialismus‘ (1972); ‚Revolution, Staat, Faschismus‘ (1978); ‚Liberalismus und Antiliberalismus‘ (1979); ‚Arbeiter und Arbeiterbewegung in der Weimarer Republik‘ (3 Bde., 1984–1987).

Deutschland im 20. Jahrhundert

Martin Broszat / Horst Möller (Hrsg.)
Das Dritte Reich
Herrschaftsstruktur und Geschichte
2., verbesserte Auflage. 1985. 286 Seiten. Paperback
Beck'sche Reihe Band 280

Fritz Fischer
Hitler war kein Betriebsunfall
Aufsätze
3., unveränderte Auflage. 1993. 272 Seiten. Paperback
Beck'sche Reihe Band 459

Norbert Frei / Johannes Schmitz
Journalismus im Dritten Reich
2. Auflage. 1989. 224 Seiten. Paperback
Beck'sche Reihe Band 376

Christian Meier
Vierzig Jahre nach Auschwitz
Deutsche Geschichtserinnerung heute
2., erweiterte Auflage. 1990. 150 Seiten. Paperback
Beck'sche Reihe Band 373

Ger van Roon
Widerstand im Dritten Reich
Ein Überblick
6., überarbeitete Auflage. 1994. 253 Seiten. Paperback
Beck'sche Reihe Band 191

Peter Steinbach / Johannes Tuchel
Lexikon des Widerstandes 1933–1945
1994. 238 Seiten. Paperback
Beck'sche Reihe Band 1061

Verlag C. H. Beck München

Deutschland im 20. Jahrhundert

Otto Dann
Nation und Nationalismus in Deutschland 1770–1990
2., unveränderte Auflage. 1994. 363 Seiten. Paperback
Beck'sche Reihe Band 494

Wolfgang Hardtwig / Heinrich August Winkler (Hrsg.)
Deutsche Entfremdung
Zum Befinden in Ost und West
1993. 164 Seiten. Paperback
Beck'sche Reihe Band 1032

Christian Graf von Krockow / Peter Lösche (Hrsg.)
Parteien in der Krise
Das Parteiensystem der Bundesrepublik und der
Aufstand des Bürgerwillens
1986. 166 Seiten. Paperback
Beck'sche Reihe Band 313

Gerhard A. Ritter
Großforschung und Staat in Deutschland
Ein historischer Überblick
1992. 193 Seiten mit 54 Abbildungen und 9 Tabellen. Paperback
Beck'sche Reihe Band 481

Wilfried Röhrich
Eliten und das Ethos der Demokratie
1991. 159 Seiten. Paperback
Beck'sche Reihe Band 457

Wilfried Röhrich
Die Demokratie der Westdeutschen
Geschichte und politisches Klima einer Republik
1988. 208 Seiten. Paperback
Beck'sche Reihe Band 355

Verlag C.H. Beck München